Tessa Evelegh

COLOUR

Die richtige Farbe für harmonisches Wohnen

Callwey

Die Originalausgabe erschien 1999 unter dem Titel »Colour in your home« im Verlag Collins & Brown Ltd., London House, Great Eastern Wharf, Parkgate Road, GB-London SW11 4NQ.

Übersetzung aus dem Englischen von Wiebke Krabbe, Damlos.

Streitfeldstraße 35,
81673 München
http://www.callwey.de
e-mail: buch@callwey.de

Die Deutsche Bibliothek – CIP-Einheitsaufnahme
Ein Titeldatensatz für diese Publikation ist bei
Der Deutschen Bibliothek erhältlich.

Alle Anleitungen wurden sorgfältig überprüft – eine Haftung kann dennoch nicht übernommen werden.

Konzeption und Design: Susan Berry,
Mitarbeit: Claudine Meissner
Herausgeber: Amanda Lebentz
Art director: Debbie Mole
Mit Aufnahmen von Polly Wreford

Schutzumschlaggestaltung: Fotolito Longo, Bozen
Lithos: Hong Kong Graphic and Printing Ltd.
Druck und Bindung: Midas Printing
Printed in The People's Republic of China 2000

Inhalt

Farbe und Umgebung

Bei der Raumgestaltung ist Farbe ein mächtiges Werkzeug. Sie prägt die Stimmung, den Stil und vor allem die Wirkung. Das Geheimnis des Erfolgs besteht darin, die Farben unter dem Aspekt ihrer Tonwertigkeit zu betrachten. Dann gelingt es ganz leicht, die gewünschte Wirkung zu erzielen – ob Sie nun Naturtöne, Pastellfarben oder leuchtendes Bunt bevorzugen.

Farbe spricht Bände über ein Zuhause. Sie bestimmt nicht nur, wie eine Wohnung aussieht, sondern auch, wie man sich in ihr fühlt. Mehr als alle anderen Elemente in einem Raum lösen Farben emotionale Reaktionen aus. Sie bestimmen, ob ein Raum entspannend oder heimelig, luftig oder dramatisch wirkt. Es wäre herrlich, wenn man diese Effekte ganz einfach mit dem Pinsel zaubern könnte.

Für viele Menschen ist das Kombinieren von Farben jedoch eine schwierige Aufgabe, der sie oft verunsichert gegenüberstehen. Tatsächlich kann die angebotene Farbpalette von mehr als 1500 Tönen einschüchternd wirken. Das größte Pro-

Rechts
Die neutrale Palette
Neutrale Töne, von Weiß bis Schwarz, von Sahne über Kaffee und Taupe bis Gusseisen, sind einfach zu kombinieren und bewirken eine angenehme Raumsituation. Dieses Esszimmer mit weißen Stühlen und marineblauen Paneelen zeigt die Vielfalt, die auch Möglichkeiten für lebhafte Kontraste bietet.

Links
Die Pastellpalette
Pastelltöne sind Klassiker, die nie aus der Mode kommen. Sie wirken beruhigend und zugleich freundlich. Ihr Spektrum reicht von Weiß mit einem winzigen Hauch Farbe bis zu den echten Künstlerpastellen mit ihrer wesentlich größeren Intensität. In diesem edlen Wohnzimmer schaffen Himmelblau und Creme eine heiter-gelassene Eleganz.

blem besteht darin, dass man viel Fantasie braucht, um sich den kleinen Tupfer auf der Farbkarte im Geschäft als Wanddekoration oder Gestaltungselement in einem Raum vorzustellen. Das menschliche Auge kann zwischen Tausenden von Farbtönen unterscheiden, und doch greifen wir allzu leicht daneben. Wie schnell wirkt die Farbe, die auf der Farbkarte so herrlich aussah, gar nicht mehr beeindruckend, wenn sie große Wandflächen bedeckt.

Sich einzurichten kostet viel Zeit, und Fehler können teuer werden. Darum ist es nur natürlich, dass viele Menschen auf Nummer Sicher gehen und Farben wählen, die zwar geschmackvoll, aber auch langweilig sind. Das ist wirklich schade, denn auch ohne viel Wissen über Farbtheorie kann man auf einfache Weise fast jede gewünschte Stimmung durch Farben schaffen.

Das Geheimnis besteht darin, ein Gefühl für die Farben zu entwickeln, die am besten zu Ihnen und Ihrem Zuhause passen.

Lösen Sie sich von überkommenen Weisheiten über die Wirkung von Farben, etwa »Blau ist eine kalte Farbe«. Das führt nur dazu, dass Sie Blautöne ganz ausschließen und so Ihre Wahlmöglichkeiten reduzieren. Viel sinnvoller ist es, die Wirkung verschiedener Farbtypen zu untersuchen.

Überlegen Sie zuerst, was für eine Persönlichkeit Sie selbst sind und welchen Charakter Sie Ihrer Wohnumgebung geben möchten.

Lieben Sie die dezente Eleganz der Naturtöne oder sind Sie ein sanfter Pastelltyp? Vielleicht liegen Ihnen die aussagekräftigeren Mitteltöne? Gefallen Ihnen leuchtende Farben, die von Ihrer Individualität erzählen? Oder sind Sie selbstbewusst genug, mit exotisch-intensiven Farben Furore zu machen?

Links Die Mitteltöne

Mitteltöne sind sanfter als Pastelltöne, heller als die tiefen und gedämpfter als die leuchtenden Farben, doch sie besitzen durchaus Charakter und sie bewirken eine ruhige, entspannte Atmosphäre. Die Senf- und Koriandertöne in diesem Ensemble wirken modern, bleiben aber zurückhaltend.

Unten Die leuchtenden Töne

Leuchtende Farben, die man aus sonnigen Ländern kennt, wirken extrovertiert und belebend. Dieses Esszimmer in Blau und Orange verströmt eine warme, tropische Stimmung.

Rechts Die tiefen Töne

Tiefe Töne sind warm und stimmungsvoll, sie schaffen ein Gefühl von Geborgenheit. Traditionell sind es die Farben der Könige und noch heute werden sie mit Üppigkeit und Luxus assoziiert. Die Kombination aus dunklen Rottönen zeigt, wie gut sich diese Farben für Schlafräume eignen.

Jede Farbgruppe erzeugt eine völlig andere Atmosphäre, und wer um diese Wirkung weiß, kann ganz nach Wunsch die gewünschte Stimmung schaffen. Trotzdem gibt es keine Beschränkungen in der Farbwahl, ob Sie nun Blau, Pink oder Gelb bevorzugen.

Wenn Sie beginnen, Farben unter dem Aspekt der Tonwertigkeit zu betrachten, werden Sie feststellen, dass Ihnen in jeder Gruppe ein ganzes Spektrum zur Verfügung steht, dessen Töne wunderbar miteinander harmonieren.

Kombinieren Sie beispielsweise verschiedene leuchtende Farben miteinander, und Sie werden überrascht sein, wie gut sie zusammenpassen. Bringen Sie jedoch eine einzige Leuchtfarbe bei einer Pastellpalette ins Spiel, ganz gleich, welche Sie wählen, wird sie sofort dominant wirken.

Jedes Kapitel im Hauptteil dieses Buches beschäftigt sich mit einer anderen Farbtiefe, und innerhalb dieser gibt es verschiedene Farbspektren. Mehr als 100 Fotos von gekonnt gestalteten Wohnräumen bieten Ihnen Anregungen bei der Auswahl Ihrer Farbkombinationen und Hilfe bei der Entscheidung, mit welchem Stil Sie sich gern umgeben möchten.

Mit diesen Inspirationen gut gerüstet, können Sie nun daran gehen, ein Gefühl für Ihre persönlichen Farben zu entwickeln. In den ersten Kapiteln lernen Sie, ein wenig den Fachjargon zu verstehen. Außerdem finden Sie hier Informationen über die Wechselwirkungen von Farben. Erfahren Sie dann Schritt für Schritt, wie professionelle Raumgestalter ein Farbschema »komponieren«. Sehen Sie auch, wie man auf der Basis einer einzigen Grundfarbe drei ganz unterschiedliche Stile kreieren kann.

Mit diesen Anregungen sowie etwas Selbstvertrauen und Enthusiasmus können Sie nun daran gehen, mit Farben zu spielen. Das macht Spaß, und meist entstehen gerade dabei die schönsten Kombinationen.

Experimentieren Sie mit Ihrem neuen Wissen, schließlich ist Farbe so viel mehr als nur Rot, Gelb und Blau ...

Farben
verstehen
10

Die Grundlagen der Farbenlehre

Die meisten Menschen reagieren instinktiv auf Farben und überlassen die Theorie lieber den Fachleuten. Wer aber das Vokabular der Farbenlehre versteht und weiß, wie man mit Farbkarten umgeht, lernt schnell, die Farbtöne zu analysieren und Farben ganz nach Wunsch einzusetzen.

Links Farbkarten

Farbkarten sind so aufgebaut, dass die Abstufungen einer Farbe auf einer Karte zusammengefasst sind. Die Karten folgen in der Reihenfolge des Spektrums aufeinander. Farbharmonien entstehen durch die Verwendung von Farben, die nahe beieinander liegen. Farben, die weit von einander entfernt liegen, bilden Kontraste.

Das Paradoxe an der Farbe ist, dass sie sowohl mit Kunst als auch mit Wissenschaft zu tun hat. Die meisten von uns betrachten die Farbtheorie als eine Kunst, doch sobald wir uns damit beschäftigen, wie Farbe eingesetzt wird, haben wir es mit einer Wissenschaft zu tun, in der es von komplizierten Fachausdrücken und Regeln nur so zu wimmeln scheint. Und dennoch scheinen manche der gelungensten Farbkombinationen diese Regeln zu brechen. Gerade Kinder, die sich um Wissenschaft und Regeln wenig kümmern, produzieren oft die gelungensten Kombinationen.

Farben auswählen

Die meisten Menschen wissen, was Ihnen gefällt, sobald sie es sehen. Doch wie soll man nun am häuslichen Tisch quasi aus dem Nichts ein interessantes Farbschema zusammenstellen? Am einfachsten ist es, ein monochromes Schema zu wählen, bei dem Sie sich auf eine einzige Farbe beschränken – beispielsweise Blau, Grün oder Gelb – und für Lebendigkeit lediglich durch unterschiedliche Abstufungen dieser Farbe oder durch Muster und Strukturen sorgen. Eine ebenso erfolgreiche wie klassische monochrome Kombination ist das traditionelle Blau-Weiß. Allerdings werden Farbschemata viel interessanter und persönlicher, wenn Sie mehrere Farben verwenden. Im Hauptteil dieses Buches werden die Farben unter dem Gesichtspunkt ihrer Tonwertigkeit zu Gruppen geordnet. Betrachtet man sie unter diesem Aspekt, fällt es viel leichter, sie beherzt zu mischen. Um Farbtöne aber effektvoll einzusetzen, muss man sie exakt einordnen können. Das ist einfach, wenn man die verschiedenen Abstufungen einer Farbe betrachtet. Schwieriger wird es, wenn man die Wertigkeit verschiedener Farben einschätzen soll. Oft hilft es, Weiß als Hintergrund hinzuzufügen und den Kontrast zu betrachten. Sehr hilfreich beim Zusammenstellen von Farben ist es auch, wenn man versteht, woraus sich einzelne Töne zusammensetzen. Ein Grün beispielsweise kann einen hohen Anteil an Gelb oder auch an Blau haben. Die Einschätzung gelingt am leichtesten, wenn Sie verschiedene Töne der gleichen Farbe nebeneinander betrachten.

Farbkarten sind ein wertvolles Hilfsmittel, um das Farbgefühl zu trainieren. Die Mischcomputer in Farbengeschäften und Baumärkten können 1500 und mehr verschiedene Farben anrühren, und für jede gibt es einen Streifen auf der Farbkarte. Oft sind die Karten und Streifen auch praktisch angeordnet. Da findet man etwa sechs Abstufungen der gleichen Farbe, ganz oben die hellste, ganz unten die dunkelste. Die Karten sind meist in der Abfolge des Spektrums zusammengefügt und lassen sich zu einem Fächer auseinander schieben (siehe Foto links). Nehmen Sie einige Farbkarten mit nach Hause, damit Sie sich bei der Auswahl Zeit lassen können. Im Licht Ihrer Wohnung wirken sie ganz anders als im Kunstlicht des Geschäfts. Gehen Sie wie ein Profi vor und beginnen Sie mit dem Bezugsstoff der Polstermöbel, dann folgen Sie Schritt für Schritt der Anleitung auf Seite 24/25 und Sie werden garantiert Erfolg haben.

Farbkarten

Harmonien
Farbharmonien sind Töne, die im Spektrum nahe beieinander liegen. So harmonieren beispielsweise Rot, Orange und Gelb miteinander, aber auch Grün, Türkis und Blau. Tonale Harmonien (siehe unten, Tonwertigkeit) sind Kombinationen aus verschiedenen Farben, die eine ähnliche Tonwertigkeit besitzen und auf einem Schwarz-Weiß-Foto nahezu gleich aussehen würden. Die Lage der Farbe im Spektrum spielt dabei keine Rolle.

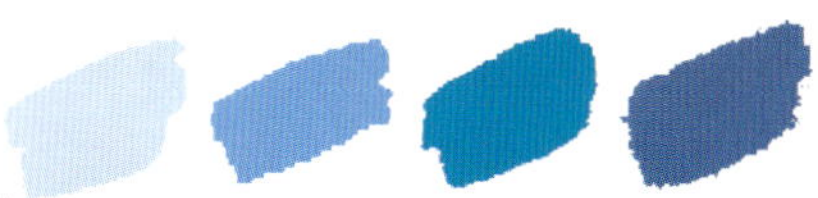

Nuance
Ein Begriff, der die Identität einer Farbe benennt. Blau ist lediglich der Name einer Farbe. Aber alle Abstufungen vom zartesten Pastell bis zum Mitternachtsblau sind, solange sie als Blau erkennbar bleiben, verschiedene Nuancen der Farbe Blau. Schwarz und Weiß haben keine Nuancen.

Primärfarben
Reines Rot, reines Blau und reines Gelb, aus denen alle anderen Farben gemischt werden können.

Sättigung
Die Intensität einer Farbe. Satte Farben sind klar und leuchtend.

Sekundärfarben
Farben, die aus zwei Primärfarben gemischt werden können. Aus Blau und Rot entsteht Violett; aus Rot und Gelb entsteht Orange und aus Gelb und Blau Grün. Violett, Orange und Grün sind die drei Sekundärfarben.

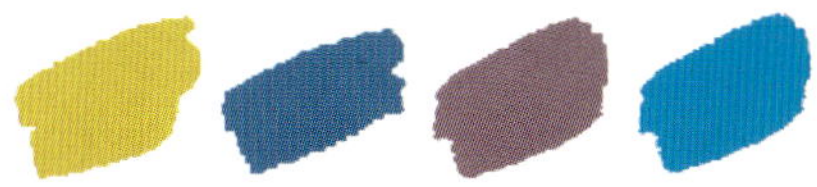

Verschattung
Das Zufügen einer gewissen Menge Schwarz zu einer Farbe. Solche Farben wirken gedämpft, zurückhaltend und ruhig.

Spektrum
Alle Farben des Regenbogens. Dazu gehören (im Uhrzeigersinn) Rot, Orange, Gelb, Grün, Blau, Indigo und Violett.

Tertiärfarben
Farben, die aus einer Primärfarbe und der im Spektrum daneben liegenden Sekundärfarbe bestehen. Türkis beispielsweise besteht aus Blau (primär) und Grün (sekundär).

Aufhellung
Eine Farbe mit einem hohen Weißanteil. Dies sind Pastellfarben oder solche mit einem milchigen oder kalkigen Aussehen.

Tonwertigkeit
Die Helligkeit oder Dunkelheit einer Farbe. Auf einem Schwarz-Weiß-Foto würden Farben mit gleicher Tonwertigkeit im gleichen Grauton erscheinen.

Warme Farben
Warme Farben wie Rot und Gelb kommen optisch auf den Betrachter zu.

Akzent
Eine Farbe, die in kleinen Mengen oft als Kontrast zur Hauptfarbe eingesetzt wird. Akzente betonen die Hauptfarbe des Gestaltungsschemas.

Farbrad, Farbenkreis
In der Farbtheorie werden die Farben des Regenbogens oft zu einem Rad angeordnet. Auch Farbkarten lassen sich zu solchen Rädern auffächern, was eine große Hilfe bei der Auswahl von harmonierenden oder kontrastierenden Farben ist.

Komplementärfarben
Farben, die miteinander kontrastieren, etwa Rot und Grün, Gelb und Violett. Diese Farben liegen sich auf dem Farbrad gegenüber.

Kontrast
Kontraste können entweder durch Farben (siehe oben, Komplementärfarben) oder durch die Gegenüberstellung eines hellen und eines dunklen Tons der gleichen Farbe entstehen.

Kühle Farben
Die Farbtheorie beschreibt die blauen und grünen Farben des Spektrums als kühl. Diese Farben scheinen optisch vor dem Betrachter zurückzuweichen, dadurch schaffen sie im Raum ein Gefühl von Weite. Nun wirkt Lavendelblau mit einem Hauch Rosa aber keineswegs kalt, obwohl die Farbtheorie sie als kühl beschreibt.

Harmonierende Farbtöne

Durch die Verwendung harmonierender Töne entsteht ein viel geschlosseneres Bild als durch Farbkontraste. Diese »Video«-Sequenz zeigt, wie gut sich solche Harmonien zum Schaffen von ungewöhnlichen Farbkombinationen eignen. Es kommt nur darauf an, dass die einzelnen Farben die gleiche tonale Wertigkeit besitzen.

Harmonierende Farbtöne erzeugen eine angenehme Umgebung. Weil keine Farbe die anderen dominiert, entsteht ein ausgewogenes Bild. Sie können viele Farben kombinieren, solange sie alle zu einer tonalen Gruppe gehören – Pastell- oder Mitteltonfarben, leuchtende oder tiefe Farben. Innerhalb jeder Gruppe können Sie durch leichte Verschiebungen der Tonwertigkeit (heller oder dunkler) für Leben sorgen, ohne dass die Gesamtharmonie darunter leidet.

2 Die zweite Farbe (links und unten)
Ein zweites Kissen, diesmal in einem sanften Mauveton, stellt die Verbindung zwischen dem zartrosa Kissen und den Tönen von Wand und Stuhl her und sorgt so für mehr Harmonie.

1 Die erste Farbe (oben)
Der Stuhl und die Wand sind sich in ihrer Tonwertigkeit recht ähnlich. Durch das Kissen in allerhellstem Rosé kommt ein lichterer Ton ins Spiel.

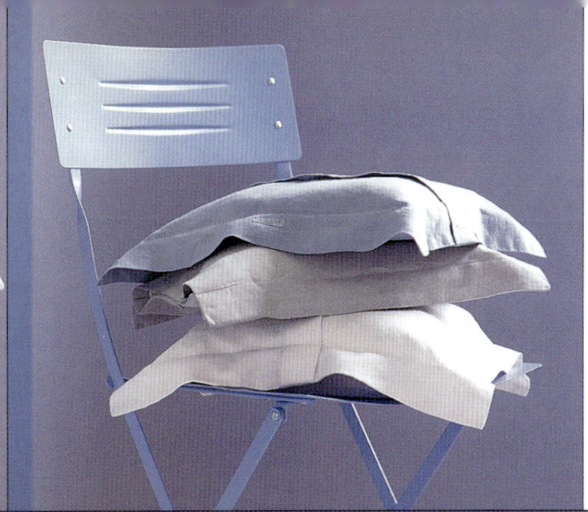

3 **Die dritte Farbe** (links und ganz links)
Ein lavendelfarbenes Kissen wird auf den Stapel gelegt. Es bindet die Kissen noch enger in die Tonwertigkeit von Wand und Stuhl ein.

4 **Die vierte Farbe** (oben und links)
Das vierte Kissen in einem helleren Blau verschiebt die optische Wirkung wieder etwas mehr zum »kühleren« Ende des Spektrums hin. Diese vier Kissen passen zusammen, weil ihre tonale Wertigkeit ähnlich ist.

Kontrastierende Farbtöne

Den offensichtlichsten Kontrast bilden natürlich Schwarz und Weiß. Doch auch der Kontrast zwischen Farben in hellen und dunklen Tönen kann eine dramatische Intensität haben.

Tonale Kontraste müssen nicht, wie in diesem Beispiel, monochrom sein. Sie entstehen aber grundsätzlich durch den Kontrast einer tiefen und einer viel helleren Farbe. Wie beim fotografischen Negativ kann der Kontrast entweder Hell auf Dunkel oder Dunkel auf Hell gestaltet werden.

1 **Hell auf Dunkel** (unten)
Das dunkle Sofa mit dem farblich passenden Kissen bildet einen Kontrast zur helleren Wand dahinter. Ein zweites Kissen in einem hellen Farbton betont den Kontrast und stellt eine optische Verbindung zur Wand her.

2 **Die zweite helle Farbe** (ganz unten)
Ein zweites helles Kissen schafft eine größere Fläche in der Kontrastfarbe und dadurch mehr optische Ausgewogenheit zwischen Sofa und Wand.

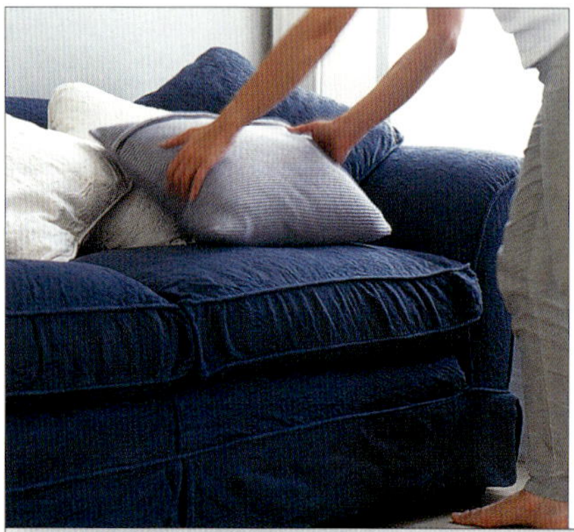

3 **Die dritte Farbe** (links und unten)
Die dritte Farbe ist ein Mittelton. Er bringt Harmonie ins Bild, weil er die tonale Distanz zwischen den hellen und den dunklen Tönen überbrückt. So wirkt das Ensemble freundlicher und weniger augenfällig.

4 **Dunkel auf Hell** (rechts)
In der gleichen Reihenfolge werden die Kissen auf dem hellen Sofa vor der hellen Wand arrangiert. Das erste dunkle Kissen sorgt für Kontrast, das zweite vergrößert den proportionalen Anteil der Kontrastfarbe und das Kissen im Mittelton schließlich harmonisiert den Kontrast. Vergleichen Sie die Gesamtwirkung: Die vielen dunklen Töne der linken Seite wirken gemütlich und behaglich, die großen hellen Flächen der rechten Seite dagegen luftig und elegant.

Farben mixen

Gemischte Farbschemata sind besonders gewagt, aber sie zeitigen oft höchst interessante Effekte. In dieser »Video«-Sequenz sehen Sie, dass solche Mischungen leicht und sicher gelingen, wenn die Farben in der Tonwertigkeit zueinander passen.

Viele Menschen finden es schwieriger, gemischte Farbschemata zusammenzustellen, als sich auf eine Farbgruppe zu beschränken. Allzu leicht bleibt man an überkommenen Farbenlehren hängen, die vorschlagen, ausschließlich warme oder kühle Farben zu verwenden. Hier haben wir kühles Türkis und heißes Pink kombiniert. Die Mischung ist deshalb so gelungen, weil der Kontrast nicht übermäßig groß ist und sich keine Farbe in den Vordergrund drängt.

2 **Die zweite Farbe** (links und unten)
Der kräftige Fuchsiaton bildet einen massiven Kontrast zum Türkis, harmoniert aber mit der Wand. Die Tonwertigkeit der Kissen ist ähnlich, dadurch wirkt das Pink nicht zu dominant.

1 **Das Grundschema** (oben)
Der türkisfarbene Sessel sieht vor der fliederfarbenen Wand überraschend gut aus. Durch das genau passende Kissen bekommt das Möbel optisch mehr Substanz.

3 Die dritte Farbe (oben und rechts)
Das violette Kissen bringt eine weitere Farbdimension ins Spiel, sodass tatsächlich ein gemischtes Farbschema entsteht. Weil aber alle Farben in ihrer Wertigkeit verwandt sind, wirkt das Bild dennoch stimmig.

4 Accessoires (ganz rechts)
Ein violettes Accessoire wie diese kleine Leuchte gibt dem Arrangement Ausgewogenheit.

Farbproportionen

Der Anteil jeder einzelnen Farbe wirkt sich auf das Gesamtbild aus. Sie können mit diesen Proportionen spielen, um die Wirkung des Ganzen zu verändern, ohne dabei das Farbschema als solches zu ändern.

In diesem Beispiel bildet eine Tischdecke mit blauen und grünen Karos den Hintergrund. Durch Geschirr in verschiedenen Farben wird gezeigt, wie einmal die eine und einmal die andere Farbe zum Hauptdarsteller wird. Zu Hause können Sie das leicht mit Stoff- oder Tapetenresten nachvollziehen.

1 Links
Limonengrünes Geschirr auf der Tischdecke greift die kräftigen Grüntöne auf und betont sie. Das zitrusfrische Arrangement wirkt lebhaft und modern.

2 Links und rechts
Blaue und türkisfarbene Teller werden zu dem limonengrünen Geschirr gestellt. Sie betonen die Blautöne der Tischdecke und mildern die ein wenig schrillen Grüntöne ab.

3 Rechts
Nehmen Sie das grüne Geschirr ganz weg, und das Bild ändert sich wieder. Jetzt haben die ruhigeren Blautöne die Oberhand, das helle Grün der Tischdecke dient nur noch als lebhafter Akzent.

Farbakzente

Einzelne Farbtupfer, meist als kräftiger Kontrast zur Hauptfarbe, können ein Farbschema beleben. Man kann sie auch einsetzen, um die Aufmerksamkeit auf ein bestimmtes Objekt oder eine spezielle Farbe zu lenken.

Harmonierende Farbschemata sind angenehm anzusehen und um sich zu haben. Ganz ohne kleine Farbkontraste können sie aber schnell monoton wirken. Solche Kontraste betonen vor allem die Eigenschaften der Hauptfarben. Vergessen Sie nicht, dass bei der Wohnraumgestaltung weniger mehr ist – und gehen Sie mit Farbakzenten sparsam um. Je mehr eine Farbe mit dem Gesamtschema kontrastiert, um so geringer sollte ihr Anteil sein.

1 Ganz links
Die harmonische Zusammenstellung von Gelb und Limonengrün auf einer limonengrünen Tischdecke wirkt absolut stimmig, aber wenig spektakulär.

2 Oben rechts und rechts
Durch die kobaltblaue Innenseite des Bechers kommt eine Kontrastfarbe ins Spiel, die die Wirkung des Gesamtbildes verändert. Die belebende Farbfläche der Kontrastfarbe nimmt hier etwa ein Sechstel der Gesamtfläche der Abbildung ein, dominiert aber das Farbschema keineswegs.

Die Farbgestaltung planen

22

Erste Überlegungen

Es ist gar nicht schwierig, Ihrem Zuhause mit interessanten Farben Charakter zu verleihen. Folgen Sie einfach den Profitipps auf diesen beiden Seiten, und lassen Sie sich von den drei ganz unterschiedlichen Farbschemata inspirieren, die wir Ihnen vorstellen.

Die einfachste Art, Ihrem Zuhause ein neues Gesicht zu geben, ist eine Veränderung der Farbgebung. Nun ist es nicht ganz einfach, ein stimmiges Farbschema zusammenzustellen. Fehler kosten Zeit und Geld, und man kann sie nicht – wie einen modischen Fehlgriff – hinten im Kleiderschrank verstecken. Die meisten von uns sind versucht, auf Nummer Sicher zu gehen. Darauf haben die Farbenhersteller reagiert und eine Fülle weißer Farben mit einem winzigen Hauch von Farbe angeboten. Natürlich sind solche Farben schön, doch immer mehr Menschen möchten mehr Individualität in ihrem Zuhause.

Wenn Sie also kühnere Farben wünschen, wo fangen Sie an? Der wichtigste Rat ist der, nichts zu übereilen. Professionelle Wohnraumgestalter greifen ihre Farbkompositionen nicht einfach aus der Luft. Sie nehmen sich Zeit, sammeln Material und legen ein Planungsbuch an. So wird es gemacht:

1 Inspirationen suchen (rechts)

Anregungen für Farbschemata gibt es überall. Gehen Sie einfach die Straße hinunter und sehen Sie sich Bäume, Sträucher und Blumen an, Muscheln am Strand, Moos auf einer Mauer, zwei Autos nebeneinander auf dem Parkstreifen. Entwickeln Sie ein Auge für Farbkombinationen, die Ihnen gefallen. In der Natur gibt es außergewöhnliche und unerwartete Kombinationen, etwa das satte Grün von Moos und das Rostrot von Herbstblättern oder auch die violetten Adern, die sich durch die grünen Blätter des Zierkohls ziehen. Denken Sie nur an die Farbenvielfalt reifer Äpfel. Nützen Sie eine Kamera, um schöne Farbkombinationen einzufangen und in ihr Planungsbuch zu kleben. Einige solch anregender Fotos finden Sie zu Beginn jedes Kapitels im Hauptteil dieses Buches. Anstöße findet man auch in Zeitschriften – aber blättern Sie sie nicht zu hastig durch. Reißen Sie Bilder mit Farbkombinationen heraus, die Ihnen gefallen. Und natürlich gibt es auch in Ihrem Zuhause jede Menge Ausgangspunkte. Vielleicht haben Sie ein Lieblingsaccessoire – etwa ein Stück Geschirr, einen Möbelstoff, Servietten oder eine Tagesdecke –, das den Ausschlag für Ihre Farbgestaltung gibt.

2 Sammeln Sie Farbmuster und Accessoires (rechts oben)

Gehen Sie in Ihren Lieblingsgeschäften auf Beutezug. Suchen Sie nach Farbmustern für verschiedene Zwecke: Möbel, Vorhänge, Kissen, Wände. Farbmusterbücher von älteren Kollektionen, so noch vorhanden, werden oft verschenkt. Vielleicht möchten Sie auch ein Geschirrstück oder eine einzelne Serviette kaufen, die den Anfang ihres Farbschemas bildet. Sammeln Sie oder leihen Sie auch Muster von Wandfarben, Tapeten und Bodenbelägen. Denken Sie zu Hause in Ruhe über ihre Lieblingskombinationen nach.

3 Das Planungsbuch (rechts)
Suchen Sie Ihre liebsten Stoffe und Farben aus. Kleben Sie sie in das Buch ein, und zwar flächenmäßig in ähnlichen Proportionen, wie sie diese auch im fertigen Raum einnehmen werden. Wenn Sie also durch Kissen einen Farbakzent setzen wollen, schneiden Sie nur ein kleines Stück dieses Stoffes aus, jedoch ein deutlich größeres für den Vorhangstoff. Malen Sie Pinselstriche in verschiedenen Farben hinzu: für die Wände, für Türen- und Fensteranstriche, für die Möbel.

4 Ausprobieren (links)
Farbkärtchen sind schön und gut, doch weil sie so klein sind, verleiten sie zu Fehlern. Um wirklich einen Eindruck von der endgültigen Farbwirkung zu bekommen, sollten Sie die Farben aus dem Abstand betrachten, wie Sie sie ihm Raum sehen würden. Es hat keinen Sinn, ein Stück Auslegeware wie ein Buch in die Hand zu nehmen. Legen Sie sie auf den Boden, stellen Sie sich darauf und schauen Sie sie dann an. Stoffe drapieren Sie über Stühle oder hängen sie vor ein Fenster. Im nächsten Schritt müssen Sie also große Farbmuster bestellen oder kleine Mengen einkaufen. Ein kleiner Topf Farbe und ein Stück Stoff von 50 cm Länge reichen aus. Streichen Sie die Farbe auf Raufasertapete und hängen Sie sie an verschiedene Wände im Raum. Beobachten Sie die Wirkung der Farbe bei unterschiedlichem Lichteinfall. Drapieren Sie den Stoff über einen Stuhl und schieben ihn so vor das Tapetenmuster, dass eine »Probeecke« des fertigen Raumes entsteht. So bekommen Sie eine recht klare Vorstellung davon, wie das Gesamtkunstwerk aussehen wird. Sehen Sie es zu verschiedenen Tageszeiten an, bis Sie sicher sind, dass es Ihnen gefällt. Nun können Sie die benötigten Mengen an Material bestellen.

Drei Stile in Limonengrün

Lebhaft und fröhlich

Drei Einrichtungsstile für den gleichen limonengrün gestrichenen Raum zeigen, wie Sie allein mit Farben Ihren persönlichen Stil verwirklichen können. Für ein fröhlich-junges Interieur wird das Grün mit Blau kombiniert. Auf den nächsten Seiten sehen Sie zwei ganz andere Stimmungen.

1 Die Inspiration (links)
Limonengrün wird häufig mit anderen Zitrustönen kombiniert, etwa Gelb und Orange. Doch auch mit leuchtenden Farben, etwa einem klaren Kornblumenblau, ergeben sich sehr schöne Effekte. Das intensive Blau der Servietten auf den limonengrünen Tellern gab die Anregung für dieses Farbschema.

2 Die Accessoires (links)
Eine schöne Salatschüssel in Kornblumenblau und die kleine blaue Glasvase im Carémuster mit den Miniatur-Chrysanthemen sind ideale Accessoires für ein Zimmer in Limonengrün und Blau.

3 Das Planungsbuch (unten)
Zuerst galt es, einen Vorhangstoff zu finden, der eine Verbindung zwischen dem Limonengrün und dem Kornblumenblau herstellte. Das blau-grüne Karo ist die perfekte Lösung für ein frisches, jugendliches Ambiente. Eine grün-weiß karierte Tischdecke könnte eine Brücke zwischen der Farbe der Wände und dem Muster der Vorhänge schlagen.

4 Ausprobieren (links)
Ein Stück Stoff wird am Fenster vor dem Hintergrund der limonengrünen Wand befestigt. Die Vase mit den Kornblumen, die auf einem grünen Tischläufer steht, repräsentiert die anderen blauen Elemente im Raum (siehe auch Seite 28/29).

Der junge Stil

Limonengrün und Azurblau geben eine lebhafte Kombination ab, die an frühlingsfrische Blätter vor einem wolkenlosen Himmel erinnert. Die karierten Vorhänge enthalten beide Farben und stellen so die Verbindung zwischen der Wand und den blauen Möbeln her. Sie enthalten weitere Limonentöne, darunter leuchtendes Gelb, die das Farbschema abwechslungsreicher wirken lassen. Auch die Karos selbst sind frisch und jugendlich und passen darum perfekt zu diesem lebhaften Raum. Insgesamt wirkt der Raum modern. Trotzdem fällt es leicht, auch ältere Möbel wie das Beistelltischchen optisch zu integrieren. In diesem Fall wird das Tischchen durch einen hellgrünen Läufer aufgewertet und in die Gesamtgestaltung eingebunden.

Dezente Eleganz

Limonengrün gilt nicht gerade als »sichere« Farbe, und doch muss sie keineswegs schrill wirken. Kombiniert mit Weiß und hellem Holz, bewirkt sie in einem Raum mit klaren, modernen Linien eine freundliche Eleganz.

1 Die Inspiration (links)
Limonengrüne Chrysanthemen sehen in Kombination mit reinem Weiß hinreißend aus.

2 Die Accessoires (unten)
Schlichte weiße Teller und limonengrüne Servietten sind gute Beispiele für eine moderne Schlichtheit, mit der es sich angenehm leben lässt.

3 Das Planungsbuch (links)
Ein einfaches Planungsbuch wird viel interessanter, wenn Strukturen ins Spiel kommen. Die Wandfarbe und die Servietten bleiben dem Limonengrün vorbehalten. Eine schwere weiße Damasttischdecke und ein duftiger, weißer, transparenter Organdy-Stoff sorgen für Kontraste in Farbe und Struktur.

4 Ausprobieren *(unten)*
Eine schlichte viereckige Schale voll grüner Birnen vor der grünen Wand lässt ahnen, wie der Stil und die Farbgebung des Raumes wirken werden.

Pure Eleganz

Die Kombination von Limonengrün und Weiß wirkt rein und unkompliziert, schlicht, zurückhaltend und elegant. Durch die transparenten Organdy-Vorhänge fällt reichlich Licht in den Raum und lässt ihn hell und luftig wirken. Eine stimmige Ergänzung bilden die weiße Damasttischdecke mit dem schlichten, weißen Geschirr und die übrigen weißen Accessoires. Die hellen Holzmöbel harmonieren mit der Tonwertigkeit des Farbschemas, das von Licht und Leichtigkeit geprägt ist. Auch die Bilder, streng in Schwarz-, Weiß- und Grautönen gehalten, tragen zu der friedlichen Atmosphäre bei, die durch einen krassen Kontrast leicht aus dem Gleichgewicht zu bringen wäre. Die klaren, unverschnörkelten Linien von Stühlen, Geschirr und Accessoires prägen einen eleganten Stil, der gerade durch seine Schlichtheit so edel wirkt.

Klassisch und doch zeitgemäß

Limonengrün wird oft den leuchtenden, modernen Farben zugerechnet und eignet sich angeblich nicht für traditionelle, eher liebliche Interieurs. Hier ist der Gegenbeweis: traumhaft kombiniert mit den satten Rosatönen von englischen Rosen.

1 Die Inspiration (oben)
Ein Strauß Rosen, frisch aus dem Garten, sieht vor der frischen, limonengrünen Wand reizend aus.

2 Die Accessoires (rechts)
Ein Stapel schöner Teller mit Rosendekor, ein hübscher Stoff mit Rosenblüten, umgeben von einem stilisierten Spalier, und Servietten in zwei Grüntönen prägen die Stimmung.

3 **Das Planungsbuch** (links)
Wunderschöne Druckstoffe im englischen Landhausstil schlagen eine Brücke zwischen den Wänden und den Accessoires. Sie passen perfekt zu dem rosa-grünen Rosen-Gitter-Muster auf der Tischdecke.

4 **Ausprobieren** (unten)
Ein Krug voll blassgrüner Hortensienblüten auf dem blauen Tisch – zusammen mit der Probe für den Vorhangstoff bildet er ein gelungenes Ensemble.

Frisch und blumig

Die Rosa- und Grüntöne eines englischen Landhausgartens stellen eine ebenso klassische wie ansprechende Farbkombination her. Hier lassen die warmen Rosétöne des Druckstoffes das Limonengrün der Wände tiefer erscheinen. Der Raum wirkt frisch und lebendig, aber längst nicht so konventionell wie ein Interieur in Pastellfarben. Die Tischdecke mit dem Rosenmuster und das Rosendekor des Porzellans greifen das Muster des Vorhangs auf, sodass das Gartenthema zum gestalterischen roten Faden wird. Der blaue Beistelltisch wirkt nicht deplatziert, weil seine Farbe im Tonwert dem Rosé auf dem Vorhang entspricht. Die Servietten in zwei verschiedenen Grüntönen sorgen für zusätzliche Farbtupfer und geben dem Raum ein klassisches Flair mit modernem, frischem Einschlag.

Die neutralen **Töne**

38

Neutrale Töne

Inspirationen

Die sanften, verblichenen Töne von verwittertem Holz, altem Gestein, glatten Kieseln am Strand und grobem Tauwerk liefern unendlich viele Anregungen für neutrale Farbschemata, mit denen es sich entspannt leben lässt.

Ob Sie auf dem Land, am Meer oder in der Stadt wohnen: Ein Spaziergang im Freien bietet eine Fülle von Inspirationen für neutrale Farbschemata. Da gibt es die sanften Grautöne von verwittertem Holz auf dem Waldboden, aber auch Felsen, Sand, Kieselsteine, Treibholz und altes Tauwerk am Meer sowie Steinmauern und Gebäude in der Stadt. Vielleicht ist es gerade die unendliche Vielfalt der neutralen Töne, durch die es so leicht fällt, sich in unaufdringlichen Räumen wohl zu fühlen und zu entspannen.

Im Freien finden wir aber nicht nur die große Linie. Sehen Sie genau hin, dann entdecken Sie Farbvariationen und Farbakzente, die die Basis großartiger Farbkombinationen bilden können. Die Farben der Baumrinde spielen mit dem Licht und dem Schatten, und die Flechten auf einer alten Ziegelmauer beweisen, wie atemberaubend schön zartes Graugrün in Kombination mit Steintönen wirken kann.

Neutrale Töne

Einflüsse

Stein, Stroh und Holz haben neutrale Töne. Sie gehören zu den ältesten Baumaterialien der Menschen, und es wohnt sich gut in ihnen. Ihr natürlicher, solider Charme bildet seit Jahrhunderten auch die Basis der traditionellen Raumgestaltung.

Vom Untergang des römischen Weltreiches bis zur italienischen Renaissance waren Stein, Stroh und Holz in ganz Westeuropa die wichtigsten Materialien zur Wohnraumgestaltung. Gewiss gab es immer wieder Zeiten, in denen diese schlichte Form der Einrichtung als fantasielos galt, doch besitzen Räume, die mit Naturmaterialien ausgestattet sind, zweifellos eine optische Integrität und eine friedliche Ausstrahlung. Als sich die Einrichtungsmoden von der kunstvollen Ornamentik weg entwickelten (die oft auch zum Verdecken ungünstiger Proportionen diente), setzten sich zunehmend elegante Formen sowohl in der Architektur als auch im Möbeldesign durch, die durch neutrale Farben oft noch gewannen. Das geschah beispielsweise im Europa des frühen 18. Jahrhunderts, als Biedermeier-Möbel mit ihren kompakten, gerundeten Formen aus Kirschbaum- oder Walnuss-Furnier in Mode kamen. Etwa 100 Jahre später entstanden mit Gründung des Bauhauses im Jahre 1919 schlichte Einrichtungen mit Einbaumöbeln, die die Neue Sachlichkeit vorausnahmen. Ein bekannter Zeitgenosse, der französische Architekt Le Corbusier, konzentrierte sich ebenfalls auf praktische, stromlinienförmige Interieurs in Weiß mit Akzenten aus hellen Hölzern, Chrom und Stahl.

Ganz oben
Unlackiertes Holz und cremefarbene Wände spiegeln die Schlichtheit der Lebensweise der Shaker wider.

Oben
Das klassische Interieur in kaffee- und sahnefarbenen Tönen mit einem Bett im Empire-Stil zeigt, wie elegant neutrale Farben sein können.

Rechts
Helle Hölzer wie Ahorn eignen sich besonders gut für neutrale Interieurs. In Kombination mit Schwarz wirken sie auffallend edel, zugleich aber bleiben ihre Linienführung und die Farbe klar und rein.

Ganz in Weiß

Weiß wirkt immer elegant, und seine beruhigende Wirkung kommt in modernen wie in traditionell eingerichteten Wohnungen zum Tragen. Verschiedene Oberflächen, Materialien und Strukturen zeigen Weiß in immer anderen Abstufungen, was einer der Reize dieser Farbe ist. Diese Variationen geben der Einrichtung Tiefe und Leben, und Sie brauchen sich kaum Sorgen zu machen, ob die Elemente zusammenpassen.

Weiß wirkt rein und frisch, und es ist eigentlich ganz unkompliziert. Man kann kaum Fehler machen, weil sich Weißtöne niemals beißen. Im Gegenteil: Fügt man verschiedene Weißtöne zusammen, erzeugen sie eine ruhige Gesamtstimmung, doch die verschiedenen Strukturen und Schattierungen sorgen für Abwechslung im Detail. Selbst wenn die Möbel in Alter und Stil recht unterschiedlich sind, wirkt Weiß harmonisierend und vereinigend. Architekten und Designer lieben Weiß, weil es die Dreidimensionalität von Räumen betont. In jedem Raum fällt das Licht unterschiedlich auf die einzelnen Flächen, wodurch die Formen akzentuiert und architektonische Details unterstrichen werden. Für die Gestaltung in Weiß empfehlen sich reine Naturfasern wie Leinen oder Baumwolle. Wenn sie einmal schmutzig werden (was sich nicht vermeiden lässt), kann man sie einfach waschen und mit einer milden Bleiche behandeln, um sie aufzufrischen. Wer also ganz in Weiß wohnen möchte, sollte lose Bezüge für die Polster und schlichte, ungefütterte Vorhänge wählen – und sich von dem Vorurteil lösen, dass Weiß nicht familienfreundlich ist.

Rechts

Wegen der nicht vorhandenen Farben übernehmen die Strukturen in weiß gehaltenen Räumen eine wichtigere Rolle als in mehrfarbigen. Der grob strukturierte Sisalteppich und die lackierten Paneele mit ihrem hübschen Schattenspiel sorgen für zusätzliche Strukturen.

Links

Auch in dieser anheimelnden Fensternische sind die weißen Strukturen ganz wesentlich. Transparente Faltrollos und Polster mit aufwändigen Saumarbeiten sorgen hier für eine optische Abwechslung.

Unten

Edle weiße Bettwäsche sieht immer frisch und ansprechend aus. Besonders schön ist die Kombination mit Vorhängen und Draperien aus weißem Voile, Musselin oder gebleichtem Leinen.

Rechts

In Kombination mit Weiß bilden die schwungvollen Formen des Waschtisches und der Badewanne die perfekten Partner zu den sachlich-modernen Vorhängen und dem Schachbrettmuster des Fußbodens.

Sanft und schmeichelnd

Cremetöne besitzen eine Sanftheit und Wärme, die ihnen eine feminine Ausstrahlung verleihen. Ebenso wie Weiß passt auch Creme in traditionelle wie in moderne Räume. Weil es aber sanfter wirkt, verträgt es durchaus eine gewisse Üppigkeit, etwa durch prächtige Draperien oder weich geschwungene Möbel.

Ganz in Creme gehaltene Räume wirken überaus edel. Cremetöne kann man bedenkenlos mischen, und ebenso wie bei Weiß geben leichte Farbabweichungen dem Interieur nur zusätzliches Leben. Allerdings muss man mit den Cremetönen etwas vorsichtiger umgehen als mit Weiß. Entscheiden Sie sich entweder für die sahnigen, gelblichen Cremetöne oder für die kühleren, blaugrün angehauchten Nuancen. In jedem Fall gewinnt Creme durch attraktive Strukturen, die durch das Fehlen anderer Farben erst richtig zur Geltung kommen. Kombinieren Sie glattes Leinen und schimmernde Perlmuttknöpfe mit dicken, rustikalen Strickwaren und schwer fallender Seide. Dekorieren Sie Cremetöne mit einem Hauch von Gold oder zeitlosen Materialien wie Kokosfaser, Naturholz und Jute.

Rechts
Natürliches, unbehandeltes Holz und Cremetöne erreichen für diesen modernen Essplatz die entspannende Atmosphäre. Die klaren Linien des Holzschrankes und des Tischbockes sorgen für eindeutige, architektonische Strukturen, die mit den weicheren Konturen und dem helleren Farbton der gepolsterten Stühle kontrastieren. Ton in Ton gemusterte Vorhänge sehen interessant aus, ohne aufdringlich zu wirken.

Rechts
Dieses Schlafzimmer in Creme und Karamel ist ein entspannendes Refugium. Den zentralen Blickfang stellen das breite Pfostenbett und das kleine Sofa an dessen Fußende dar. Der cremefarbene Bezug des Sofas, der grob gewebte Bettvorhang und der raue Kokosfaserteppich rücken die verschiedenen Strukturen und Formen in den Mittelpunkt.

Café-Crème

Die Kombination von Kaffee- und Sahnetönen wirkt edel, aber niemals überladen. Vom blassen Cappuccinoton bis zum tiefdunklen Espresso können Sie mit Hilfe von Accessoires die Farbproportionen ganz nach Belieben gestalten. Kaffeetöne harmonieren perfekt mit dem Grauschimmer gekalkten Holzes, aber auch mit Naturholz und Kokosfaserteppichen.

Diese Kombination ist elegant und geschmackvoll und sieht am edelsten aus, wenn nur ein einziger Kaffeeton mit Cremetönen kombiniert wird. Die Nuancen des Kaffee-Braun neigen eher den gedämpften Grautönen zu als den rötlichen, erdbraunen Farben. Kaffee-Braun ist eine angenehme Farbe, die sich besonders für Wohnräume eignet. Es ist von sich aus weder deutlich maskulin noch unterschwellig feminin, kann aber entsprechend beeinflusst werden. Wählen Sie Café-au-lait für einen sanften, femininen Stil und dunklere Kaffeetöne für eine herbere, maskuline Atmosphäre. Reizvoll sind auch kleine Details in Espresso-Braun zum Akzentuieren eines in Cremetönen gehaltenen Interieurs. Historisch gesehen verrät die Kombination Café-Crème Selbstvertrauen. Sie kam wiederholt in optimistischen, vorwärts schauenden Zeiten in Mode, etwa in den 50er-Jahren.

Rechts
Sanfte Café-au-lait-Töne und ausgeprägte Strukturen geben diesem Schlafzimmer ein üppiges, feminines Flair. Das hellste Kaffee-Braun ist kühler als die Cremetöne. Es hat eine besonders edle und elegante Ausstrahlung.

Oben
Kaffee-Braun hat einen sanften, grauen Unterton, der mit dem zarten Schimmer von gekalktem Holz ideal korrespondiert. Hier harmoniert das braun bezogene Polster mit dem gekalkten Gestell des Sessels und dem Beistelltisch im Hintergrund. Das hellere Kissen verbindet die beiden Farbtöne optisch.

Rechts
Einfache Vorhänge aus braun-beige kariertem Stoff setzen in dem ländlichen Interieur in Cremetönen einen modernen Akzent.

Oben
Durch die Mischung einfacher geometrischer Muster und die Betonung der Sahnetöne entsteht die klassische Atmosphäre dieses Raumes. Interessant wirkt die Einrichtung deshalb, weil ein einheitliches Kaffee-Braun in immer anderen Flächenproportionen mit Creme kombiniert wurde.

Vielfalt der Taupe-Töne

Die neutralen Töne tendieren in der einen Richtung zum kühlen Grau und in der anderen zum warmen Braun. Wo sie sich treffen, liegt der Farbton Taupe. Nützt man einfache, neutrale Farbschemata, wählt man Farben einer Richtung, doch es gibt keinen Grund, keine Kombinationen zusammenzustellen. Das Ergebnis ist ein behagliches Interieur, das Selbstvertrauen und Eleganz ausstrahlt.

Die ungewöhnliche Mischung von warmem Beige und kühlem Grau wirkt deshalb so angenehm, weil die Töne sich niemals beißen und auch keine krassen Kontraste bilden. Bei solchen Mischungen muss man mutig sein; die Absicht der Farbaussage muss klar erkennbar sein, sonst könnte man die Farbwahl für ein Versehen halten. Je gedämpfter das Licht ist, umso schwerer fällt es dem Auge, die einzelnen Farbtöne zu unterscheiden. Große Farbflächen bleiben länger erkennbar. Ganz Mutige setzen die Farben blockartig auf die Wände. Sie können aber auch die Wände schlicht lassen und Möbel und Stoffe aus der Familie der beigen und grauen Neutraltöne wählen. Am sichersten gelingt die Farbwahl, wenn Sie zuerst Stoffe in den entsprechenden Farben aussuchen und dann den Rest des Interieurs darauf abstimmen.

Rechts
Mischungen von Taupe-Tönen sehen am besten aus, wenn sie so kombiniert werden, dass ein einheitliches Bild entsteht. Hier sind die Möbel in warmen Brauntönen gehalten, während an den Wänden Farbblöcke in kräftigem Grau gestaltet wurden. Der schmale Streifen in einem sanfteren Grau-Beige schlägt eine optische Brücke zwischen den beiden Farbrichtungen.

Links

Lassen Sie sich bei solchen Farbkombinationen von einem professionellen Raumausstatter farblich beraten. Suchen Sie einen Möbelstoff aus, auf dem Ihnen die Farbkombination gefällt, dann stimmen Sie den Rest der Gestaltung auf diesen ab. Hier sind auf dem Kissenstoff drei verschiedene neutrale Töne zu sehen, jeweils in Kombination mit Creme. Der schwarze Ammonit wirkt als Akzent und gibt dem Ensemble Charakter.

Rechts

Mischungen von Taupe-Tönen passen auch in traditionelle Interieurs. Hier stellt die blaugrau gestrichene Wand eine Verbindung zwischen dem beigefarbenen Schrank und dem grauen Stuhl her. Der neutrale Charakter aller Farben betont die eleganten, geschwungenen Formen der französischen Möbel.

Neutral und Schwarz

Neutrale Töne und Schwarz bilden einen massiven Kontrast, nur zu übertreffen durch den Kontrast zwischen Schwarz und Weiß. Diese Polarität eignet sich vor allem für moderne, elegante Farbschemata, die man mit modernen Stadtwohnungen assoziiert. Dabei passt die vielseitige Kombination von neutralen Tönen und Schwarz ebenso gut in ein traditionelles Landhaus.

Der Erfolg solch starker Kontraste liegt in den Proportionen der Farben. Ein bisschen Schwarz gibt einem vorwiegend in Creme oder Weiß gehaltenen Raum Charakter. Je mehr Schwarz Sie zufügen, umso plakativer ist das Ergebnis. Generell sind schwarz-weiße Interieurs eher elegant als lieblich, und sie harmonieren besser mit geometrischen oder abstrakten als mit floralen Mustern. Durch Farbakzente kann diese Härte jedoch gemildert werden. Vor allem bei schwarz-weißen Farbschemata sind solche Akzente wichtig, die den Kontrast einerseits betonen und ihm andererseits die Härte nehmen. Wählen Sie intensive, leuchtende Farben, etwa strahlendes Türkis oder Fuchsia, als Kombinationspartner zu Schwarz-Weiß. Weil Sie nur winzige Mengen dieser Farben benötigen, können Sie die Akzente je nach Jahreszeit oder Laune problemlos austauschen und dem Raum so immer wieder ein neues Gesicht geben.

Rechts
Das hauptsächlich in Creme gehaltene Farbschema wird durch den kräftig gestreiften Sessel und das Kissen mit Giraffenmuster belebt. So bekommt das ruhige, behagliche Interieur einen augenzwinkernden Touch von Verwegenheit.

Rechts
Die schwarz-weißen Schachbrett-Fliesen vor dem Kamin und das edle Streifenmuster des Stuhlpolsters geben dem überwiegend in Weiß gehaltenen Raum Eleganz und Charakter.

Die **Pastelltöne**

54

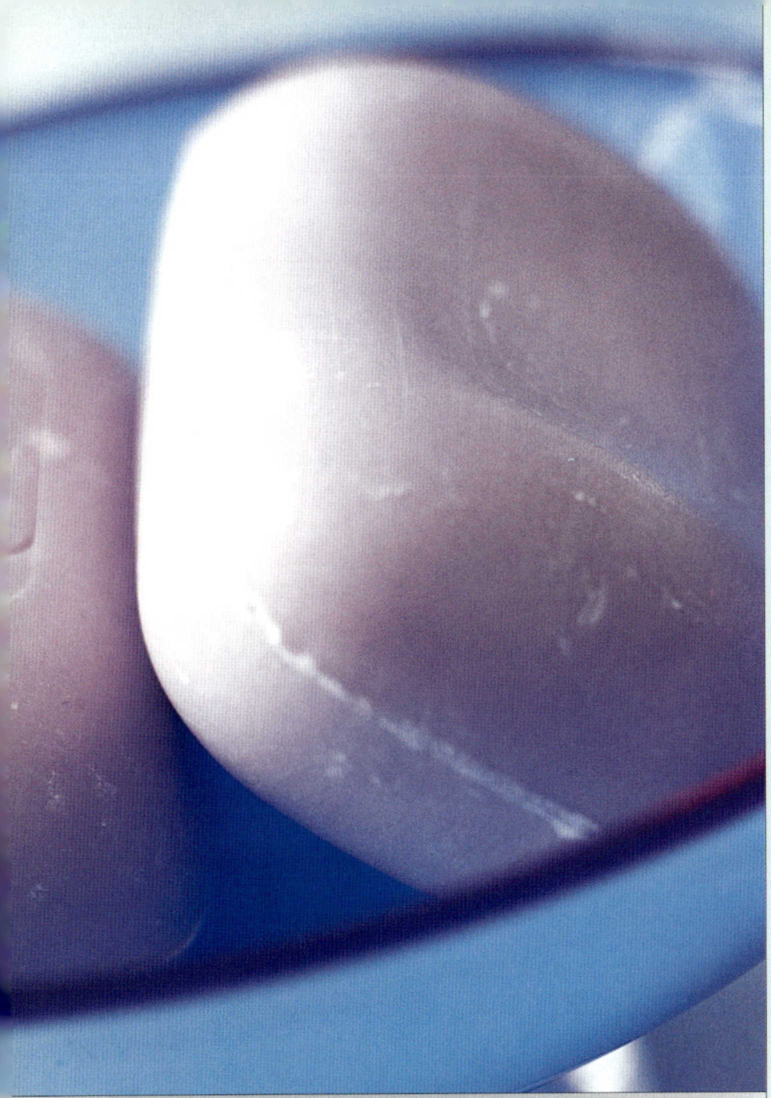

Pastelltöne

Inspirationen

Alltägliche Haushaltsgegenstände wie ein Stück Seife oder eine Wolldecke in zarten Pastelltönen, Sommerblumen und sogar Früchte liefern zahllose Inspirationen für faszinierende Farbkombinationen.

Wundervolle Farben findet man bei den alltäglichsten Haushaltsgegenständen, und auch sonst wird man Anregungen an eher überraschenden Plätzen entdecken. Ein Bündel Malkreide für Kinder, einige Stück Seife, selbst ein Stapel Staubtücher kann Ideen für eine neue Wohnumgebung liefern.

Spielen Sie mit den Farben: Nehmen Sie eine weg, fügen Sie vielleicht eine andere hinzu, bis Ihnen die Kombination gefällt. In der Natur finden wir oft verblüffende Zusammenstellungen. Auf den hellgrünen Blättern junger Artischocken leuchten Streifen in zartem Rosa. Eine grün gestreifte Melone enthüllt beim Aufschneiden aprikosenfarbenes Fleisch. Auch Sommerblumen und zartes Frühlingsgrün sind eine unerschöpfliche Quelle für Inspirationen.

Pastelltöne

Einflüsse

Man kannte die Pastelltöne schon von den Fresken der Antike, doch groß in Mode kamen sie erst im Rokoko unter der Regentschaft von König Ludwig XV.

Madame de Pompadour, die Maitresse des Königs, hatte eine Vorliebe für eben diese Töne. Ihre Schwäche für zartes Muschel- oder Puder-Rosé, helles Blau, Türkis, Violett und Apfelgrün prägte um die Mitte des 18. Jahrhunderts den Stil der französischen Salons. Die Farben harmonierten perfekt mit den zarten, femininen Möbeln, die mit kunstvollen Schnörkeln, Muscheln, Bändern und Blüten verziert waren. Dieser Stil wurde als Rokoko bekannt und von Spanien bis Russland und Skandinavien begeistert kopiert. Die zarten Pastelltöne passten auch gut zum sanften, nördlichen Sonnenlicht: Es entstanden luftige Räume, ein Stil, der vor allem von den Schweden mit Begeisterung übernommen wurde. Durch die Mischung mit Grau erhielt man noch sanftere Farbtöne. Der optimalen Lichtreflexion zuliebe wurden Möbel und Wände im gleichen Farbton gestrichen und mit Weiß abgesetzt.

Pastelltöne wurden schon in der Antike verwendet, hauptsächlich für die kunstvollen Fresken aus der Römerzeit. Diese Farben wurden im Klassizismus wieder aufgegriffen, ein Stil, der im ausgehenden 18. Jahrhundert aufkam. Angeregt durch die Entdeckung der antiken römischen Gebäude in Pompeji trug der schottische Architekt Robert Adam maßgeblich zu dieser Strömung bei.

Ganz oben
Robert Adam verwendete gern Motive wie diese klassische Vase. Typisch für ihn sind Mischungen von Pastelltönen.

Oben
Zartes Gelb und Violett treffen an der Fassade eines Hauses in Südfrankreich aufeinander.

Rechts
Helle Blautöne, kombiniert mit Weiß und Gold, bringen das schwedische klassizistische Interieur zum Leuchten. Dieser besondere Stil entwickelte sich gegen Ende des 18. Jahrhunderts aus dem Rokoko.

Pastell und Weiß

Anregende Pastellfarben, aufgefrischt mit Weiß, bilden eine Kombination von zeitlosem Charme. Wählen Sie für eine unkomplizierte, wohnliche Einrichtung eine monochrome Kombination, etwa klassisches Blau-Weiß, oder mischen Sie mehrere Pastelltöne. Das Geheimnis einer ausgewogenen Wirkung besteht im Auswählen von Farben gleichen Tonwerts.

Pastelltöne wirken durch und durch feminin, sie eignen sich vor allem für Schlaf- und Badezimmer. Reizend sind Streublümchenmuster, wer es aber klarer liebt, sollte Karos wählen. In moderne Einrichtungen passen auch plakative Blöcke in Pastellfarben vor weißem Hintergrund. Ganz gleich, welches Ihr Stil ist: wenn Sie mehrere Pastelltöne verwenden, achten Sie auf die gleiche tonale Wertigkeit. Der Kontrast zwischen Weiß und Pastellfarben ist relativ gering, darum wirken auch Kombinationen leicht und entspannend. Wenn alle oder einige der pastellfarbigen Flächen gemustert sind, betrachten Sie sie am besten aus dem gleichen Abstand, aus dem Sie sie im Raum sehen würden. So gewinnen Sie einen besseren Eindruck des gesamten Farbarrangements.

Große pastellfarbige Flächen sind vor einem weißen Hintergrund leicht zu sehen, kleine Details dagegen kaum zu erkennen. Das liegt daran, dass das Auge dazu neigt, feine, flächige Muster zu verwischen und als Einzelfarbton wahrzunehmen. Auch die Lichtverhältnisse im Raum sollten bei Ihrer Wahl eine Rolle spielen.

Rechts
Karostoffe in Hellblau und Weiß sind echte Klassiker. Die Streifen auf den zusammengefalteten Stoffen sind zwar marineblau und rot, doch sie sind sehr schmal, und das Muster hat außerdem einen hohen Weißanteil. So wirkt ihr Tonwert für das Auge ganz ähnlich wie der des Stuhlbezugs.

Rechts

Die Kombination von Streublümchen und winzigen Karos in Rosa, Weiß und Grün gewinnt sicher schnell Freunde.

Oben

Breite Zickzackstreifen in zartem Blau ergeben zusammen mit dem rosa-weißen Karostoff eine frische Kombination.

Fondanttöne

Der kalkfarbene Charakter der Fondanttöne macht aus den »Babyfarben« etwas Sinnliches, das entfernt an den Stil des Rokoko erinnert und dennoch absolut zeitgemäß ist. Mit Fondanttönen sollte man nicht zu zaghaft umgehen. Eine Gruppe von mehreren Farben gleicher Wertigkeit hat ihre Wirkung, weil die Farben einander gegenseitig betonen. Ein Übermaß einer einzelnen Farbe geht leicht unter, weil das Auge sich bald an den Ton gewöhnt.

Manche Farbgruppen eignen sich am besten für die Gestaltung Ton in Ton. Die Fondanttöne gehören nicht dazu. Sie wirken am besten zu mehreren, weil gerade durch die Verwendung verschiedener Töne der attraktive kalkige Charakter besonders unterstrichen wird. Fondanttöne haben zwar nichts Maskulines, dennoch wirken sie – geschickt eingesetzt – keineswegs süßlich. Diese Farben sind sanft, aber stark.

Zwei Fondanttöne mögen noch niedlich aussehen, doch ein dritter gibt dem Ensemble und damit dem ganzen Raum Witz und Charakter. Mit Cremetönen kombiniert, wirken diese Farben eher kühl, bei Alleinverwendung ist der Effekt schon gewagter. Fondantpastelle sind unwiderstehlich auf taktilen Stoffen wie weichem Samt, doch auch auf frischen, modernen Leinen- und Baumwollstoffen kommen sie gut zur Geltung.

Rechts
Abschnitte von Holzleisten, in Fondanttönen lackiert und willkürlich auf schmalen Regalen arrangiert, ergeben eine hübsche dreidimensionale Dekoration, die einem klassischen Interieur frischen Pfiff verleiht. Die Wirkung ist so harmonisch, weil die Pastellfarben in ihrer tonalen Wertigkeit perfekt zur sonstigen Raumgestaltung passen.

Rechts
Kalkiges Blau und Pink, kombiniert mit reichlich Weiß, hat eine frische und geradlinige, unverkennbar weibliche Ausstrahlung.

Links
Hat man ihn vor sich, kann man kaum widerstehen, den weichen Samt in Fondanttönen zu berühren. Tatsächlich ist es der ideale Stoff für diese femininen Farben. Die sanft geschwungenen Konturen der Sessel und das Schachbrettmuster des Tisches tragen zum modernen Interieur mit unterschwelliger Üppigkeit bei.

Unten
Hier bekommen die eher konventionellen Flieder- und Rosétöne durch das Limonengrün und Gelb einen frechen Akzent.

Pistaziengrün

Die zarten Gelbgrün-Töne im Inneren von Pistazienkernen liefern überraschende Anregungen für elegante Interieurs. Ihre sanften Nuancen eignen sich für ungewöhnliche, sehr edle und harmonische Kombinationen, die vor allem mit hellen Naturmaterialien wie Holz, Binsen und Weide gut harmonieren. Lebendig wird das Bild durch verschiedene Pistazientöne.

Hell, aber nicht zu hell, zart, aber nicht süßlich: Mit Pistaziengrün lässt es sich gut leben, obwohl es keine »sichere« Farbe ist. Ein pistaziengrüner Raum vermittelt Individualität, dabei sind die verblüffenden Farbschemata ganz einfach zu gestalten. Das Geheimnis ist die Harmonie der Farben. Wählen Sie einen Grundton, dann fügen Sie hellere und dunklere Nuancen des gleichen Tons hinzu und Ihr Raum wird zarte Eleganz ausstrahlen. Streichen Sie Fuß- und Deckenleisten, Tür- und Fensterrahmen nicht einfach weiß, nur weil es so üblich ist. Ganz ohne Weiß wirkt die Farbstellung weicher und eleganter, mit Weiß dagegen frischer und disziplinierter. Kleine Karo- und Streublümchenmuster geben dem Raum etwas Verspieltes, großflächige geometrische Muster wirken modern. Kombinieren Sie mit natürlichen Accessoires: hellem Holz, Weidenmöbeln und Kokosfaser.

Rechts
Unterschiedliche Abstufungen des gleichen Grüntons kommen durch die Verwendung matter und glänzender Farbe noch besser zur Geltung. Angelehnt an den Stoff der Kissen wurde die Wand zuerst mit zwei Farben im Schachbrettmuster matt gestrichen, dann wurden die glänzenden Felder darüber gerollt.

Rechts
Noch einmal pistaziengrüne Karos, diesmal auf handgewebtem Leinen, das frisch und ländlich wirkt. Drei verschiedene Farbnuancen geben dem Wandanstrich Leben, die Kombination wirkt leicht und frühlingsfrisch. Weiß abgesetzte Kanten würden die freundliche Ton-in-Ton-Harmonie hier nur stören.

Wasserfarben

Die sanften, wässrigen Töne im Umfeld des blassen Türkis liegen genau da im Spektrum, wo sich die Grenze zwischen Wasserblau und -grün verwischt. Ihr großer Vorteil ist der, dass man sie mit vielen Farben kombinieren kann – vom Limonengrün über klares Türkis und Wasserblau bis hin zu Lila.

Die Wasserfarben sind so angenehm, weil sie frisch und luftig wirken. Die klareren Töne eignen sich gut für leichte Lasuranstriche, in denen ihr Aquarell-Charakter besonders schön zum Ausdruck kommt. Wenn Sie sich für die graustichigen Töne entscheiden, nähern Sie sich den klassischen gustavianischen Farbharmonien Schwedens im 18. Jahrhundert an. In der klassischen Farbenlehre sind Kombinationen von Blau und Grün zwar verpönt, Blau und Türkis dagegen vertragen sich großartig, vor allem, wenn sie die gleiche tonale Wertigkeit besitzen. Die Farben lassen sich leicht kombinieren, weil sie ganz natürlich ineinander übergehen. Türkis tendiert in der einen Richtung zu Blau und Lavendel, in der anderen zu Grün und Limonengrün. Sie können sich auf einen oder zwei Töne beschränken, mehrere mischen oder einem Farbschema der einen Richtung einen Akzent mit einem Ton aus der anderen geben.

Rechts
Die sanfteren, graustichigen Varianten der Wasserfarben erinnern an die romantischen Interieurs vor allem der schwedischen gustavianischen Periode. Die rosa, beige und fliederfarben gemusterte Decke setzt einen zarten Akzent, der die übrigen Töne des Farbschemas noch betont.

Rechts
In diesem ruhigen Ensemble »heben« Farbtupfer in Wasserblau das vorwiegend grünlich gehaltene Farbschema. Flieder- und Lavendeltöne vom äußersten Ende der blauen Farbpalette sorgen für zusätzliche Akzente.

Links

Die zarte grünlich-türkisfarbene Lasur des kleinen Gartenhauses aus einfachen Profilbrettern wird durch die wasserblauen Streifen der Polster betont. Das Rauminnere wirkt durch den weißen Anstrich hell und freundlich, schablonierte Motive greifen die Farben des Außenanstrichs auf.

Unten

Zarte Wasserfarben sind die ideale Lösung für ein Badezimmer, weil sie perfekt zum »Wasserthema« des Raumes passen.

Sommerhimmel

Klares Gelb und kühles Blau sind eine fröhliche Kombination, die an eine strahlende Sonne am blauen Himmel denken lässt. Es sind unwiderstehliche Farben der Natur, und Räume, die in diesen Tönen gehalten sind, wirken ebenso unwiderstehlich. Wichtig ist es vor allem, klare Farbtöne zu wählen.

Die Farben des Sommerhimmels sind leuchtend und hell, aber auch warm und einladend. Solche Töne erinnern uns an die schönste Zeit des Jahres. Sie geben jedem Raum eine entspannte, gastliche Atmosphäre und vermitteln eine angenehme Fröhlichkeit. Selbst kühle Nordzimmer wirken mit dieser Farbkombination warm und sommerlich. Der französische Impressionist Claude Monet liebte diese klassische Kombination von Gelb und Blau: sein gelbes Esszimmer öffnete sich zu einer blauen Küche hin. Um das Farbschema noch zu beleben, wählen Sie Abstufungen verschiedener Helligkeit. Kräftige Akzente setzen Sie mit den Orangetönen von Mandarinen, von Kapuzinerkresse-Blüten oder mit Limonengrün. Weicher und femininer wirkt die Farbharmonie durch Details in zartem Rosa.

Rechts
Elegant, aber kein bisschen affektiert wirkt dieses selbstbewusst eingerichtete Wohnzimmer in Himmelblau und Sonnengelb. Akzente in Rostrot und Grün kommen überraschend gut zur Geltung und sorgen dafür, dass das Ensemble nicht eintönig wird.

Rechts
Legere Heiterkeit atmet dieses Badezimmer in Blau-Gelb. Die unbehandelten Holzlamellen des Sichtschutzes und die rustikalen Übertöpfe geben dem Bad ländlichen Charme, das Grün der Pflanzen sorgt für Frische und Lebendigkeit.

Künstlerpastelle

Die kräftigsten aller Pastelltöne sind die Künstlerpastelle. Sie sind fröhlich, selbstbewusst und lebhaft, was sie in die Nähe der leuchtenden Töne rückt. Es sind Farben für Mutige. Verwenden Sie sie einzeln oder mischen Sie munter drauflos. Wichtig ist, dass der Tonwert einheitlich bleibt, sonst dominieren einzelne Farben und andere treten in den Hintergrund.

Diese lebhaften und jugendlichen Töne sind die eigentlichen Farben der Künstlerpastelle, die den Pastelltönen ihren Namen geliehen haben. Streng genommen sind diese Farben recht intensiv, doch sie enthalten einen hohen Weißanteil, weswegen sie zu den Pastelltönen gezählt werden. Künstlerpastelle sind monochrom verwendet sehr interessant, man kann auch zwei, drei oder mehr Farben vor einem klar definierten Hintergrund kombinieren. Auch reines Weiß bildet einen großartigen Rahmen für diese intensiven und zugleich kalkigen Töne. Mit satten, klaren Farben sollte man sie jedoch nicht mischen, sonst wirken die Künstlerpastelle milchig oder kitschig. Diese Farben sind die ideale Wahl für Räume mit lebhafter Ausstrahlung.

Rechts
Der helle, neutrale Ton der Kaminblende und der Sesselbezüge ist ein idealer Partner für die pastellgrünen Wände. Accessoires in einem dunkleren Mauveton bilden einen belebenden Kontrast zum sanften Grün.

Gegenüber
Die Wände im warmen Aprikosenton bilden den perfekten Hintergrund für die kunterbunte Mischung von Stuhl-Hussen in Künstlerpastellen.

Die

Mitteltöne

72

Mitteltöne

Inspirationen

Alle natürlichen Pflanzenfarben gehören in diese Farbpalette und bieten interessante Kombinationsmöglichkeiten. Lassen Sie sich durch die Farben von Ihrer Umgebung anregen!

Im Spätsommer und im frühen Herbst findet man eine Fülle der schönsten Farbtöne. Denken Sie an reife Beeren, Pflaumen, Äpfel und Birnen an Bäumen und Sträuchern. Beobachten Sie, wie grüne Blätter langsam Ränder in Rot- und Gelbtönen bekommen, wie sie auf moosgrünen Waldboden fallen.

Die Natur ist voll von Anregungen für die Mitteltöne, denn dies sind die Nuancen der natürlichen Färbemittel. Schon darum fällt auch das Kombinieren leicht. Fangen Sie ungewöhnliche Farbzusammenstellungen mit der Kamera ein und scheuen Sie sich nicht, sie in Ihrem Zuhause umzusetzen. Diese sanften, gedämpften Töne vertragen sich mit fast allen Partnern.

Mitteltöne

Einflüsse

Mit Mitteltönen lässt es sich leicht und entspannt leben, vor allem, wenn sie mit Grau abgedämpft sind. Das liegt vermutlich daran, dass sie den traditionellen Farben sehr ähnlich sind, die aus den natürlichen Pigmenten der Umgebung – Erde und Pflanzen – gewonnen wurden.

Die Terrakotta- und Gewürztöne der Erdfarben, etwa Ocker und Siena, sind klassische Farben für Gebäude. Man kennt sie von den kunstvollen Mustern afrikanischer Behausungen, aber auch von eleganten Villen vergangener Jahrhunderte. Doch die Mitteltöne sind mehr als Erdfarben. Denken Sie an gedämpftes Olivgrün, Ochsenblut-Rot oder warmes Rosé und Blaugrün, die klassischen Farben englischen Wedgwood-Porzellans. All diese Töne lassen sich aus Pflanzen herstellen. Dies war die Farbpalette Europas im 18. Jahrhundert, aber auch die der amerikanischen Shaker. In Europa strich man holzvertäfelte Wände, Fuß- und Deckenleisten oft im gleichen Farbton, um ein einheitliches Bild zu erhalten. Heute dagegen hebt man die Holzelemente gern mit weißer Farbe hervor. Die Shaker strichen ihre Wände grundsätzlich weiß und setzten lediglich die Fuß- und Deckenleisten farbig ab. Auch William Morris, der berühmteste englische Designer des 19. Jahrhunderts, bevorzugte diese Farben. Er lehnte die damals aufkommenden synthetischen Farben ab und verwendete für seine Designs in Grün, Blau, Pfirsichfarben, Rot und Braun ausschließlich Naturfarben. Um die Wende zum 19. Jahrhundert gewannen klare Türkistöne, die so typisch für den Jugendstil sind, zunehmend an Bedeutung.

Oben
Der Einfluss des Jugendstils auf die Einrichtung und Farbgebung reichte bis in das Wohnumfeld der einfacheren Gesellschaftsschichten. Das Interieur dieses Aal- und Pasteten-Restaurants geht auf das Jahr 1910 zurück.

Rechts
Mit dem Jugendstil fanden um die Jahrhundertwende leuchtende Farben Eingang in die bis dahin eher gedämpfte Palette. Typisch war das Pfauenmotiv mit seinen Blau- und Grünschattierungen, wie man es noch heute in der Lebensmittelabteilung des Kaufhauses Harrod's in London sehen kann.

Links

Rosa-bräunlicher Terrakottaputz, Marmorgesimse und ein Schachbrett-Fußboden aus grauen Natursteinplatten bilden hier ein klassisches Interieur in Mitteltönen.

Klassisches Blau-Weiß

Die Kombination von klarem Blau und Blütenweiß, inspiriert von traditionellem chinesischen Porzellan, ist ein jahrhundertealter und trotzdem jung gebliebener Einrichtungsklassiker. Halten Sie es ganz schlicht oder kreieren Sie ein raffiniertes Interieur durch Einfügen zusätzlicher Farben in ein Grundschema aus Blau und Weiß. Geometrische Muster sehen immer gut aus, Blumen und andere Motivmuster wirken zarter und femininer.

Klares Blau mit Weiß ist eine einfache, zauberhafte und unwiderstehliche Kombination. Im Lauf der Jahrhunderte hat sie sich in ganz unterschiedlichen Kulturen zu einem Klassiker entwickelt. Im 18. Jahrhundert inspirierte die traditionelle chinesische Blau-Weiß-Töpferware den englischen Töpfer Josiah Spode zu seinem noch heute bekannten Weidenmuster, und auch die Keramiker der holländischen Stadt Delft sind bis in unsere Zeit wegen ihrer blau-weißen Fliesen berühmt. Diese klassische Kombination passt sehr gut in moderne Wohnungen. Vielleicht liegt das an der besonderen Frische und Leichtigkeit, die trotzdem nicht verspielt wirkt. Das Schönste an Blau-Weiß ist, dass man damit beinahe keine Fehler machen kann. Selbst Menschen, die sich kein Farbempfinden zutrauen, werden mit diesen Farben garantiert gelungene Einrichtungen schaffen. Wer mutiger ist, setzt mit zusätzlichen Farben raffinierte tonale Akzente.

Rechts
Klassisches Blau und Weiß eignen sich gut als Ausgangsbasis für ein komplexeres Farbschema. Hier wurden durch Grün- und Lavendeltöne gleicher tonaler Wertigkeit interessante Akzente gesetzt. Das klare Blau steht jedoch im Vordergrund und sorgt dafür, dass die Gesamtwirkung frisch und einfach bleibt.

Rechts
Hier gesellt sich französischer »Toile de jouy« zu einem Geschirr mit dem traditionellen Weidenmuster. Wenn ein Farbschema konsequent eingehalten wird, kann man bedenkenlos die verschiedensten Muster mischen, ohne dass der Gesamteindruck unruhig oder unzusammenhängend wirkt.

Ein Hauch von Lavendel

Lavendel ist der wärmste aller Blautöne: er hat einen Unterton von Rosé, der sich dem Violett nähert. Er eignet sich hervorragend für kühle Nordzimmer. Für ein hübsches, feminines Interieur bietet sich die Kombination mit fröhlichem Pink an, mit dem Kombipartner Grau wirkt Lavendel modern und elegant, dunkles Blau verleiht ihm einen Hauch von Üppigkeit und Luxus.

Viele Menschen meiden Blau als Einrichtungsfarbe, weil sie seine kühle Wirkung fürchten. Lavendelblau ist ganz anders. Durch seinen Unterton von Rosé hat es eine natürliche Wärme, die durch passende Rosa- oder Heidekrauttöne noch gesteigert werden kann. Lavendeltöne sind unkompliziert und als Umgebungsfarbe sehr angenehm, zugleich strahlen sie eine dezente Eleganz aus. Lavendelfarbene Pigmente kommen in der Natur nicht vor, deshalb wurde die Farbe für Inneneinrichtungen erst mit der Erfindung der synthetischen Farben im 19. Jahrhundert entdeckt. Schon darum wirkt Lavendel tendenziell modern, und gelungene Einrichtungen nutzen diese Wirkung aus, statt gegen sie zu arbeiten. Am einfachsten gelingt das durch die Kombination mit Weiß, das dem Lavendel etwas von seiner femininen Sanftheit nimmt.

Rechts
Hier sind Lavendeltöne aller Schattierungen kombiniert, vom zarten Pastell bis zum tiefen Violett. Klares Weiß gibt dem Ensemble Frische.

Links

Lavendelfarbene Schranktüren bilden den Rahmen für dieses ebenso unkonventionelle wie elegante Farbschema. Das gedämpfte Heidekraut-Rosa im Karomuster des Sesselbezugs bringt eine zusätzliche Nuance ins Spiel, der breite graue Streifen der Decke sorgt dafür, dass die Kombination nicht süßlich wirkt.

Rechts

Tiefere Lavendeltöne bekommen durch die Kombination mit einem zarten Rosa mehr Leben. Reines Weiß wiederum frischt das Farbschema angenehm auf.

Sommerbeeren

Erdbeer- und Himbeertöne wecken Erinnerungen an wunderbar saftige Sommerfrüchte. In ihnen vereint sich die Intensität von Rot mit der Sanftheit von Rosé, sodass sie weder grell noch allzu lieblich wirken. Geometrische Streifen und Karos sehen besonders geschickt aus. Die Kombination von Beerentönen mit Creme schafft Interieurs, in denen das ganze Jahr lang Sommer herrscht.

Die Farben frischer Sommerfrüchte, kombiniert mit Creme, sind eine Lieblingszusammenstellung des traditionellen schwedischen Stils. Lassen Sie sich von diesen zeitlosen Interieurs anregen und greifen Sie auf geometrische Muster zurück, wenn Sie eine allzu feminine Wirkung vermeiden wollen.

Am frischesten wirken Erdbeertöne, die schon fast ins Orange schlagen. Wer es »damenhaft« liebt, wählt das blaustichige Rot der Himbeeren. Obwohl es die sichere Lösung ist, sich für einen Ton zu entscheiden, können Sie die beiden auch kombinieren, solange Sie möglichst viele verschiedene Nuancen verwenden. Ein einzelner Erdbeerton neben verschiedenen Himbeertönen sieht leicht wie ein Missgriff aus, drei oder mehr unterschiedliche Töne wirken viel geschickter. Sanftes Grau oder Schilfgrün eignet sich besonders gut als Kombipartner für Beerentöne.

Rechts
Das blaustichige Rot reifer Himbeeren gibt auf der groß karierten Tagesdecke den Ton an. Grüne Pflanzenmuster auf der Decke am Fußende wirken der Eintönigkeit entgegen.

Rechts
Diese Kissen zeigen, wie gut Erdbeer- und Himbeertöne miteinander harmonieren können. Das oberste Kissen mit den Troddeln enthält beide Töne.

Oben
Die traditionelle schwedische Farbkombination »Erdbeer-Sahne« ist so zeitlos schön, dass sie auch heute noch frisch und jung wirkt. Die blasseren rosa Streifen auf dem Stuhlpolster bringen Abwechslung in das Farbschema.

Dezente Mischung

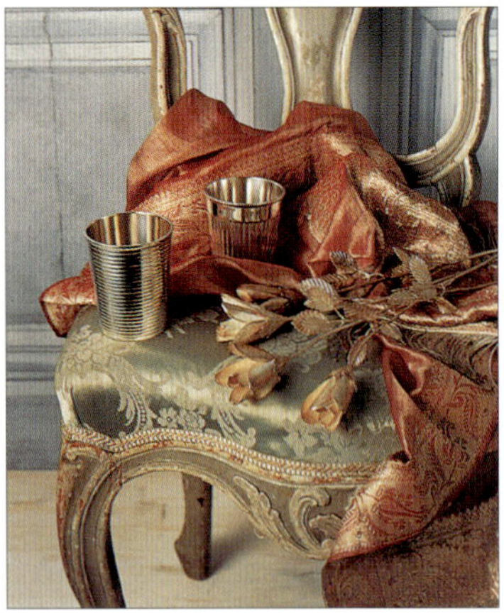

Gedämpfte Farben sind elegant und edel, und man kann sie risikolos miteinander kombinieren. Diese Mitteltöne bekommen durch einen Hauch Grau eine Weichheit, die sie als Wohnfarben besonders angenehm und unaufdringlich macht. Sie haben sich über Jahrhunderte bewährt und sind traditionelle Lieblingsfarben sowohl in Europa wie in Amerika.

Sanftes Salbeigrün, Rauchblau und Terrakotta-Rosé waren so beliebt in den traditionellen Einrichtungen des 18. Jahrhunderts, dass sie noch heute kaum zu übertreffen sind. Damals standen nur Naturpigmente zur Verfügung, die diese Farbstellungen diktierten. Heute haben wir ganz andere Möglichkeiten, doch den zarten Schimmer dieser Töne können wir mit synthetischen Farben nicht imitieren. Weil alle Farben sehr sanft sind, kann man sie herrlich kombinieren. Gedämpftes Terrakotta und Türkis, Gold und Grün harmonieren großartig mit neutralen Tönen. Diese behagliche »antike« Atmosphäre entsteht dadurch, dass keine Farbe dominiert. Wer Möbel und Dekorationsobjekte verschiedenen Stils in Einklang bringen will, ist mit dieser Farbwahl bestens beraten.

Rechts
Terrakotta, Türkis und Naturholz werden durch den Bodenbelag und die Polstermöbel in einem Goldton zum Leuchten gebracht. Es ist eine mutige Mischung, die aber wegen der gedämpften Farbtöne durchaus behaglich und keineswegs überladen wirkt.

Links

Gedämpfte Farben passen gut zu Naturtönen. Hier werden die abgebeizten Naturholz-Fensterläden und der schwere naturfarbene Vorhang durch die Polster in Türkis und Gold belebt. Das Ergebnis ist edel und angenehm ruhig.

Rechts

Gedämpfte Mitteltöne wirken viel intensiver, wenn sie vor einem blassen, neutralen Hintergrund präsentiert werden. Hier ist die Draperie am Fenster dramatischer Blickfang des Raumes. Der Veloursbezug des Stuhles greift die Farbe wieder auf, während die grau lasierten Holzteile der Möbel für einen ruhigen Ausgleich sorgen.

Terrakottatöne

Das warme Rotbraun von Terrakotta ist eine zeitlose Lieblingsfarbe. Vor allem Künstler lieben sie als Hintergrund für ihre Gemälde, weil sie intensiv, aber nicht erdrückend wirkt. Der Farbklassiker basiert auf Naturpigmenten, schon darum kann er nie zur modischen Eintagsfliege werden. Traditionelle und moderne Interieurs sehen in Terrakotta gleichermaßen schön aus. Mit neutralen Kombinationsfarben wirken die Räume kühl und edel, mit Gold und Gelb dagegen sonnig.

Die Wärme von Terrakottatönen wirkt besonders schön in Nordzimmern, in denen das Licht hell, aber kühl ist. Diese Farbe macht jeden Raum im Handumdrehen warm und behaglich. Erdtöne sind die Farben unserer natürlichen Umgebung, sie vermitteln ein Gefühl von Wohlbehagen und Geborgenheit. In all den Jahrhunderten, in denen man ausschließlich natürliche Pigmente kannte, tönte man mit der Erde der Umgebung die Farben ab, sodass jede Gegend ihre typischen Schattierungen hatte. Noch heute kann man in manchen alten Dorfgasthöfen, die der Modernisierung und Renovierung entgangen sind, diese Farben bewundern.

Terrakotta passt gut zu modernen Einrichtungen, und die beruhigende Wirkung dieser Farbe nimmt auch verwegeneren Farbkombinationen das Schrille. Terrakotta harmoniert sehr schön mit neutralen Tönen. Um neutrale Räume zu beleben, könnte man eine einzelne Wand oder auch nur eine Teilfläche damit gestalten.

Rechts
Kombiniert mit Cremeweiß wirkt Terrakotta leicht, modern und elegant. Hier fällt der Blick vom terrakotta-roten Vorzimmer in ein freundliches, weißes Badezimmer. Wenn die Farbharmonien zwischen angrenzenden Bereichen geschickt geplant sind, strahlt die gesamte Wohnung eine Atmosphäre der Geschlossenheit aus.

Rechts
Die prächtige Brokatdecke in Gold- und Terrakottatönen stand Pate für das Farbschema dieses Raumes. Das große goldene Wandbild bricht die Einförmigkeit der Wandfläche auf und schafft eine Gesamtgestaltung, die prächtig, aber nicht überladen wirkt.

Gewürzmischung

Der Geschmack von Gewürzen mag scharf sein, ihre Farben jedoch sind überraschend sanft. Denken Sie an Senf, an das erdige Gelb von Kreuzkümmel und Koriander oder an schwarze Pfefferkörner, und Sie sehen das Farbspektrum der Gewürze vor sich. Wenn Sie etwas Pep hineinbringen wollen, geben Sie eine Prise scharfen Chili dazu – aber nicht zu viel! Genau wie in der Küche wird dieses Gewürz auch in der Einrichtung leicht dominant.

Wenn Sie die Wärme der Erdfarben lieben, sie aber manchmal als etwas zu dunkel und zu gewichtig empfinden, müssten Ihnen Gewürzfarben gerade recht sein. Sie sind zarter und nuancierter als viele Erdfarben, sind vorwiegend am gelben Ende der Braunskala angesiedelt und sehen großartig aus, wenn sie durch schwarze Akzente betont werden. Dies ist eine Farbpalette, die edel und zurückhaltend wirkt, wenn sie großflächig eingesetzt wird. Entschieden verwegener ist der Effekt, wenn Sie farblich aufeinander abgestimmte Tierfell-Drucke verwenden. Doch selbst mit so unkonventionellen Mustern besitzen die Gewürzfarben eine Sanftheit, die dafür sorgt, dass man des verwegenen Ambientes nicht zu leicht überdrüssig wird. Besonders gut sehen Gewürzfarben in Kombination mit dunklem Holz aus. Frischer und moderner wirken sie mit Cremeweiß und neutralen Farben. Auch die Akzente sollten aus der Skala der Gewürzfarben stammen, etwa feuriges Chilirot oder sanftes Kardamomgrün.

Rechts
Tierfell-Drucke sehen in klassischen Gewürzfarben wie Kumin, Koriander oder Pfeffer hinreißend aus. An den gewagten Drucken in den sanften Tönen sieht man sich nicht so schnell über.

Gegenüber
Mit Cremeweiß kombiniert wirken die Gewürztöne eleganter. Die chiliroten Details im Teppich lassen die kühleren Aspekte des Gesamtbildes noch besser zur Geltung kommen.

Die

leuchtenden

Töne

90

Leuchtende Töne

Inspirationen

Für diese moderne Palette finden Sie Anregungen bei modernen Materialien wie Plastik, Aluminium und Laminaten, aber auch bei den leuchtendsten Blüten und Blättern.

Die Natur hat rund ums Jahr lebhafte und belebende Kombinationen leuchtender Farben zu bieten. Denken Sie nur an gelbe und blaue Frühlingsblüten vor frischem Grün, an sommerliche Felder voll Klatschmohn, an Sonnenblumen oder Ilexbeeren zwischen glänzend dunkelgrünen Blättern.

Auch im Alltag sind allerlei Ideen zu finden, wie etwa durch Kinderspielzeug, Süßigkeiten oder buntes Plastikgeschirr. Zeitgemäße Materialien wie Plastik, Aluminium oder pulverbeschichtetes Metall leuchten in den buntesten Farben. Sehen Sie sich auch einmal die kunterbunten Verpackungen in chinesischen oder indischen Lebensmittelgeschäften an. Pakete mit Tee, Reis oder Nudeln tragen Etiketten in verblüffendsten Farbkombinationen wie Pink, Türkis und Rot.

Leuchtende Töne

Einflüsse

Im gleißenden Licht heißer Länder kann man es sich erlauben, mit leuchtenden Farben großzügig umzugehen. In Äquatornähe trägt selbst die Natur exotische Farben. Die Blüten sind bunter als die zartfarbigen Pflanzen der gemäßigteren Klimazonen, und auch die Vögel tragen Federn in faszinierenden, leuchtenden Farbkombinationen.

Oben und rechts
Starke Farben sind vor allem in der Äquatorregion beliebt, wo das strahlende Sonnenlicht mit den Farben um die Wette leuchtet. In der Karibik hält man sich an keinerlei Regeln. Selbst Farben, die angeblich nicht zusammenpassen, wirken hier berückend – wie diese Strandhütten und der Eingang eines Geschäfts an der Promenade der Insel Mustique beweisen.

Gegenüber
In dieser kleinen Waschnische spielen, inspiriert vom mexikanischen Stil, Smaragdgrün, Blau, Türkis und Zimtbraun höchst wirkungsvoll zusammen.

Lassen Sie sich anregen von den bunt bemalten Häusern Mexikos, der Karibik oder des Mittelmeerraumes. Bis zum Ende des 18. Jahrhunderts wählten die Europäer traditionell eher gedämpfte Farben, die zum sanften Licht des Klimas passten. Erst der schottische Architekt Robert Adam und sein jüngerer Bruder James setzten, inspiriert von der Architektur des antiken Rom und Griechenlands, intensivere Blau- und Grüntöne ein. Ganz Europa wurde von dieser Renaissance der klassischen Antike angesteckt. In der napoleonischen Ära setzte sie sich in Frankreich auch unter dem Namen Empire durch und leuchtete mit kräftigen Gelb- und Grüntönen. Die Herstellung solcher Pigmente war oft sehr teuer, sodass sich nur die wirklich Reichen diese frischen, neuen Farben leisten konnten. Als jedoch die synthetischen Anilinfarben entwickelt wurden, breitete sich die Begeisterung für leuchtende Farben schnell aus. Gelb, Türkis, Violett, Rot und knalliges Blau waren plötzlich für Jedermann zu haben. Das schlug sich auch in der farbenfrohen Einrichtung einiger wagemutiger Haushalte um die Wende zum 20. Jahrhundert nieder.

Tropisch bunt

Vibrierende, tropische Farben heben die Stimmung. Sie sind leuchtend und lebhaft, aber dennoch subtiler als die Primärfarben. Tropische Farben kommen zu mehreren am besten zur Geltung, weil sie erst durch ihre Kontraste leben. Eine Farbe im Kontrast zu einer anderen ist schon prächtig. Viele Tropenfarben auf weißem Hintergrund sind ein visuelles Ereignis.

Tropische Farben bieten sich für extrovertierte Einrichtungen an. Lassen Sie sich anregen von den leuchtenden Tönen der Äquatorländer: türkisfarbenes und blaues Meer, die klaren Farben von Limonen, Mangos, Papayas und Bananen, die leuchtenden Blüten der einheimischen Pflanzen wie das Pink oder Rot der Bougainvillea. Man kann zwei oder drei dieser Farben kombinieren oder viele zu einer wahren Farborgie zusammenfassen. Sachlich und modern wirken diese Farben blockweise vor weißem Hintergrund. Ebenso eignen sich die Tropenfarben für belebende Akzente in einem Interieur, das in gemäßigteren Farben gehalten ist. Wie auch immer Sie diese fröhlichen, klaren Farben einsetzen: seien Sie nicht zu schüchtern. Die Farben wirken am schönsten, wenn sie plakativ verwendet werden.

Rechts
Leuchtend grüne und fuchsiarote Kissen machen aus dem türkisfarbenen Sofa einen Blickfang. Die Vase mit den mangofarbenen Gerbera setzt einen klaren Akzent. Sie verbündet sich optisch mit den grünen Kissen und schafft so ein Gleichgewicht zum Pink und Türkis. In einem ansonsten schlichten Raum ist dieses Ensemble ein echter Hingucker.

Rechts
Die unkonventionelle Kombination von leuchtendem Türkis und kräftigem Lavendel erzeugt ein faszinierendes Ambiente. Die Farben sind durchaus gesättigt, doch weil sie so klar sind, wirken sie nicht erdrückend.

Kalkige Leuchtfarben

Mischt man leuchtende Farben mit Weiß, erhalten sie einen kalkigen Charakter – intensiver als Pastelltöne, aber sanfter als Primärfarben. Diese Farben kann man nach Herzenslust mixen und kombinieren. Damit das Gesamtbild ausgewogen bleibt, müssen lediglich alle den gleichen Grad der Aufhellung besitzen.

Die matten, kalkigen Leuchtfarben erinnern an die traditionellen Farben des Mittelmeerraumes. Obwohl sie nicht transparent sind, zaubern sie sonnige Freundlichkeit in den Raum. Kalkiges Blau, Türkis, Gelb und Grün war die farbige Antwort der 1950er-Jahre auf die trübe Nachkriegszeit. Damals herrschte die Mode, Farbe in großen Flächen auf die Wände aufzutragen, sogar auf die Fassaden der Häuser. Auch in Innenräumen wirkt diese Gestaltung attraktiv, und Muster oder Strukturen machen sie noch interessanter. Sicheren Erfolg mit den kalkigen Leuchtfarben haben Sie, wenn Sie nur Farben mit gleichem Weißanteil kombinieren. Man kann diese Töne aber auch sehr gut als Hintergrund für transparentere, tropische Farben verwenden, um dem Farbschema eines Raumes mehr Tiefe zu geben.

Rechts
Kalkiges Blau und klares Weiß geben einen interessanten Hintergrund für allerlei transparente Objekte in leuchtenden Tropenfarben ab. Die Dekorationen werden dadurch umso mehr zum Blickfang.

Rechts
Breite Streifen in kalkigem Flieder und Lavendel, kurzerhand auf eine weiße Wand tapeziert, sorgen für ein heiteres und angenehmes Ambiente. Der hellgrüne Stuhl bildet einen schönen Kontrapunkt zu den übrigen sanften Tönen.

Lebhaftes Limonengrün

Das leuchtende, klare Limonengrün ist eine verblüffend angenehme Wohnfarbe. Es ist weniger grell als die übrigen Zitrustöne, und eigentlich ist sogar der Name falsch. Im Grunde erinnert das frische Grün mehr an die ersten Frühlingsblättchen als an die eher moosgrüne Schale der Frucht. Limonengrün harmoniert sehr gut mit anderen klaren Frühlingsfarben, etwa Gelb, Pink, Blau und Violett.

Limonengrün ist eine angenehme Wohnfarbe, weil es einen sehr hohen Gelbanteil enthält, der das Licht reflektiert und eine sonnige Atmosphäre zaubert. Dunklere Grüntöne wirken dagegen leicht bedrückend, weil sie das Licht absorbieren. Limonengrün ist die ideale Farbe für ein Gartenzimmer: es harmoniert perfekt mit den natürlichen Grüntönen, die einander rund ums Jahr im Garten abwechseln. Das helle Grün hebt das dunklere Grün hochsommerlicher Blätter, es harmoniert mit den bläulichen Grüntönen und belebt den winterlich kahlen Garten. Gerade diese Natürlichkeit sorgt dafür, dass wir Limonengrün als besonders angenehm empfinden. Es gibt nur wenige Farben, die sich nicht damit kombinieren lassen. Wählen Sie für ein modernes Ambiente kräftige Zitrustöne oder ein gedämpftes Blau für eine kühl-elegante Atmosphäre. Mit Saphirblau als Kombipartner wirkt dieses Grün jugendlich, mit zartem Rosa eher klassisch.

Rechts
Mutig kombiniert mit einer blau-gelb-rot karierten Tagesdecke ist das Limonengrün frisch und unkompliziert.

Rechts
Limonengrün braucht nicht unbedingt Partner aus der Zitrusfamilie. Hier bildet es durch Kombination mit viel Cremeweiß und kleinen Akzenten in zartem Blau den Hintergrund für ein elegantes, zeitloses Interieur.

Zitrusfrüchte

Zitrusfarben wirken leuchtend, frech und belebend und machen jeden Raum sonnig. Zitrone, Mandarine und Limone sind die Grundzutaten. Wählen Sie eine davon für ein monochromes Farbschema oder mischen Sie zwei oder drei dieser lebhaften Farben. Wem die Mischung zu intensiv ist, der kann sie mit einigen Tupfern Weiß »abkühlen«.

Zitrusfarben hellen jeden Raum auf. Das liegt teilweise daran, dass diese Farben gesättigt und nicht durch einen Zusatz von Schwarz oder Weiß verfälscht sind. Ein weiterer Grund ist der, dass wir Zitrusfrüchte mit Frische assoziieren – nicht umsonst sind so viele Haushaltsreiniger mit Zitronenduft parfümiert. Kombinationen von Zitrusfarben wirken immer jung und knackig, sie schaffen in jedem Raum im Nu eine warme und lichtdurchflutete Aura.

Eine Mischung aus Mandarine und Zitrone ist besonders sonnig. Die orangeroten Töne strahlen Wärme aus, das Gelb sorgt für ein freundliches, weiches Licht. Fügt man zu diesen warmen, kräftigen Farben Limonengrün hinzu, kühlt sich die optische Gesamtwirkung des Raumes zwar ab, doch die Farben harmonieren ausgezeichnet, weil sie sich an Intensität in nichts nachstehen. Wer es etwas ruhiger liebt, sollte die kräftigen Zitrustöne mit Weiß kombinieren.

Rechts
Mandarinenfarbene Accessoires geben dem hellen, sonnendurchfluteten Essplatz mit den zitronengelben Wänden fröhliche Wärme. Der Naturholztisch, die Stühle und der Kokosfaserteppich besänftigen den Farbüberschwang.

Links

Der mandarinenfarbene Sessel und die gleichfarbig gestrichene Kaminumrahmung schaffen zusammen mit den leuchtend gelben Wänden eine fröhliche, sonnige Stimmung. Weil das Gelb und das Orange die gleiche tonale Wertigkeit haben, lassen sie den Raum insgesamt erstaunlich ruhig wirken.

Rechts

Weiße Wände und weiße Laken bilden einen großartigen Hintergrund für die intensiven Zitrusfarben der karierten Bettwäsche, der Tagesdecke sowie der Kissen. Das Weiß nimmt den Zitrustönen etwas von ihrer Hitze und hebt sie durch den Kontrast zugleich stärker hervor.

Mix aus Primärfarben

Auch wenn Kinder in ihren Zeichnungen Primärfarben bevorzugen, werden diese Töne als Wohnfarben oft abschätzig betrachtet. Dabei können sie, wenn sie geschickt eingesetzt werden, durchaus frisch, modern und selbstbewusst wirken. Kombinieren Sie eine Primärfarbe mit Weiß oder mischen Sie munter alle drei. Streifen, Karos und geometrische Drucke eignen sich besonders gut für moderne Interieurs.

Rot, Gelb und Blau sind die Farben, aus denen sich alle anderen Töne mischen lassen – lediglich mit Hilfe von Schwarz zum Verschatten und Weiß zum Aufhellen. Primärfarben sind also per definitionem rein und eignen sich darum gut für klare Farbaussagen. Am besten sehen sie auf großen Flächen aus. Bauen Sie die Raumgestaltung um diese Farben herum auf, kombinieren Sie zwei oder alle drei. Setzen Sie schwarze Flächen dagegen, um die Farben zu betonen – oder lassen Sie sie durch den Kontrast mit Weiß noch frischer und moderner wirken. Auch Smaragdgrün eignet sich als Kombipartner, andere Farben können dagegen Probleme bereiten. Primärfarben neigen dazu, andere Farben zu »erschlagen«. Gedämpfte Farben sehen neben Primärfarben leicht schmutzig aus, kalkige Farben wirken zu farblos, tiefe Farben zu tot, Pastellfarben zu schüchtern. Wer es auf Wirkung abgesehen hat, sollte sich konsequent an die Primärfarben halten.

Rechts
Die klaren Linien des eleganten, modernen Sofas mit seinem Bezug in Rot erzählen vom Farbverstand und Selbstbewusstsein des Besitzers.

Gegenüber
Rot, Gelb und Blau können großartig zusammenspielen. Bei geschickter Kombination verschiedener, plakativer Muster müssen Primärfarben keineswegs simpel oder kindlich aussehen.

Krasse Kontraste

Grelles Licht dämpft die Intensität von Farben. Darum findet man die intensivsten Farben in den Ländern rings um den Äquator. Folgen Sie diesem Beispiel und gehen Sie mit leuchtenden Farben herausfordernd um. Oft sehen sie am schönsten aus, wenn viele zusammenkommen. So ergeben sich lebhafte und extrovertierte Interieurs.

Haben Sie Mut zu leuchtenden Farben – sie sind großartig, wenn sie gleichsam »wie im Stakkato« kombiniert werden. Und wenn sie sich ein bisschen beißen: umso besser. Gefällt Ihnen dieser Stil, aber es fehlt Ihnen noch an Selbstvertrauen, ihn zu verwirklichen? Orientieren Sie sich an der unkomplizierten, sprühenden Farbigkeit Mexikos und der Karibik. Dort findet man wunderbar unkonventionelle Farbmischungen und gewagte Kombinationen, die niemals zu Stande gekommen wären, wenn sich ihre Urheber Gedanken über die »richtige Zusammenstellung« gemacht hätten. Nehmen Sie die sprühend frechen Kombinationen als Anregung und mildern Sie sie etwas ab, wenn Sie das Gefühl haben, dass sie nicht in unser gemäßigtes Klima passen. Solange alle Farben den gleichen Tonwert besitzen, wird dieser schon für ein stimmiges, harmonisches Gesamtbild sorgen.

Rechts
Azurblau, Smaragdgrün, Fuchsia, Rot und Orange vertragen sich verblüffend gut miteinander. Diese Kombination würde auch in kühleren Breiten atemberaubend aussehen.

Links

Terrakotta und Pink sind ungewöhnliche Kombinationspartner. In heißen Ländern, in denen das gleißende Licht der Sonne die Intensität der Farben dämpft, harmonieren auch diese Töne miteinander.

Rechts

Kurkumagelb, Smaragdgrün und Saphirblau ergeben eine lebendige Mischung, die an Sonnenschein, Himmel und Bäume denken lässt.

Heiß und kalt

Einige der gelungensten Farbschemata brechen alle traditionellen Regeln. Der konventionellen Farbenlehre zufolge sollten entweder nur warme oder nur kühle Farben miteinander kombiniert werden. Wir zeigen Ihnen Interieurs, die gerade diese Grenzen überschreiten. Gelb, Pink und Orange zählen zu den warmen Farben, Blau, Grün und Violett zu den kühlen. Hier werden sie mutig – und erfolgreich – gemixt.

Überraschende Kombinationen, die alle überkommenen Traditionen auf den Kopf stellen, sind oft die schönsten. Meist kommen sie durch besonderes gestalterisches Geschick oder einen Zufall zu Stande. Dann aber machen sie Furore. Es ist nichts Falsches daran, wenn sich eine faszinierende Farbkombination durch Zufall ergibt. Wer die Konventionen über Bord wirft, gibt seiner Fantasie mehr Spielraum. Genau aus diesem Grund finden Kinder, die noch nicht durch die Regeln des »guten Geschmacks« verdorben sind, in ihren Bildern oft so herrliche Farbkombinationen. Lassen Sie sich auf jeden Fall Zeit und probieren Sie herum, ehe Sie zu Pinsel und Rolle greifen. Streichen Sie eine Ecke des Raumes, hängen Sie einen Streifen Stoff ans Fenster oder über eine Stuhllehne und sehen Sie sich das Ganze einige Tage lang an, um die Wirkung auszuloten. Wenn es Ihnen gefällt, kann die Renovierung beginnen. Die Mühe lohnt sich, denn die gelungensten unkonventionellen Farbschemata sind meist auch die originellsten. Diese ansprechenden Mischungen von Warm und Kalt kopieren nichts Bekanntes – und gerade das ist ihr Vorzug.

Rechts
Dunkles Violett vor einem Hintergrund in der Komplementärfarbe – einem leuchtenden Limonengrün – hat einen belebenden Kontrast von warmer und kalter Farbe zur Folge. Für sich betrachtet wirkt die Hauptfarbe eher sanft. Akzente in Orange geben dem Ensemble einen Extraspritzer farblicher Würze.

Rechts
Warmes Gelb und Orange bilden zusammen mit kühlem Limonengrün einen faszinierenden Kontrast zu den kühlen Blautönen.

Oben
Die Mischung von warmem Pink und Gelb mit kühlem Marineblau spricht für ein sicheres Farbempfinden.

Die

tiefen Töne

110

Tiefe Töne

Inspirationen

Die tiefsten Farbtöne finden wir in den Auslagen des Gemüsehändlers, wo Früchte und Gemüse mit schimmernder Haut das Licht reflektieren und ihre satten, königlichen Farben präsentieren.

Sehen Sie sich die warmen, prächtigen Töne der Marktauslagen an: Kirschen und Blaubeeren im Sommer, Brombeeren, Rotkohl und rote Zwiebeln im Herbst. Oder schauen Sie sich in Stoffgeschäften um. Dort entdecken Sie langflorigen Samt und Chenille in prächtigen Farben, oft noch verziert mit Goldlitzen und Quasten.

Im Freien wartet der Wald mit herrlichen Kombinationen auf. Leuchtendes Fichtengrün vor dunkelbraunen Ästen, Tannenzapfen auf moosgrünem Waldboden, kupferfarbene Buchenblätter, scharf umrissen vor dem Dämmerungshimmel. Und auch aus fernen Ländern kommen Anregungen zu uns, etwa japanische Lackmöbel in tiefem Rot oder Schwarz, deren glänzende Oberflächen das Licht reflektieren.

Tiefe Töne

Einflüsse

Traditionell sind diese Farben ein Privileg der Reichen, denn die intensiv färbenden Pigmente wurden häufig aus Halbedelsteinen und Metallen gewonnen, etwa das dunkle Blau des Lapislazuli oder das Grün des Malachit. Aber auch Kupfernitrat und exotische Pflanzen wurden verarbeitet, wie der Indigostrauch, den man aus Indien importierte.

Als Folge des zunehmenden Handels zwischen Europa und Asien wuchs im 17. und 18. Jahrhundert auch das Interesse an roten Textilien für orientalisch inspirierte Interieurs. Doch konnten sich nur die Reichen diese Farben leisten. Das klarere Rot der chinesischen und japanischen Lackwaren eroberte Europa später im 18. Jahrhundert, und seitdem erfreut es sich je nach aktueller Mode großer Beliebtheit. Terrakotta wurde zur bevorzugten Wandfarbe als Hintergrund von Gemälden, denn angeblich brachte es die Farben der Gemälde besser zur Geltung und steigerte als eher dunkle Farbe die Lichtreflexion. Zu den gängigsten tiefen Farbtönen gehörten Graubraun und Grün. Traditionell kombinierte man die tiefen Töne mit reflektierenden Materialien wie Gold, Messing oder Kupfer, um das Licht einzufangen und den Interieurs eine zusätzliche Dimension von Luxus zu geben. Als tiefster aller Töne ist Schwarz das jüngste Mitglied dieser Gruppe. Obwohl es schon lange in kleinen Mengen als Akzentfarbe verwendet wurde, kam es erst in den 1920er-Jahren mit dem Art déco als Wandfarbe in Mode. Mit silbrigen Metallen wie Chrom oder Aluminium kombiniert, ist sie bis heute aktuell.

Unten
Schwarz war eine beliebte Farbe des Art déco. Das gewaltige Wandrelief aus Aluminium lenkt das Licht auf die glänzend schwarzen Oberflächen im Foyer des Express Building in London.

Rechts
Mosaiken aus irisierenden, metallischen Materialien lassen das kunstvoll dekorierte Innere von Debenham House in London prächtig glitzern und funkeln. Das Gebäude wurde 1907 fertig gestellt.

Links

Tiefe Töne können durchaus gesättigt sein, wie die herrlichen pfauenblauen Fliesen in Debenham House beweisen.

Sattes Rot

Dunkle, prächtige Rottöne, die an arabische Nächte, an Katmandu und den indischen Subkontinent erinnern, geben jedem Raum ein exotisches Flair. Dieser Einrichtungsstil war vor allem im 19. Jahrhundert sehr beliebt, vermutlich als Folge des Kolonialzeitalters, in dem neue Dekorationsideen aus Asien Eingang nach Europa fanden.

Die tiefen Rottöne von Rubinen und Granaten schaffen in jedem Raum eine Atmosphäre von Üppigkeit, Wärme und Geborgenheit. Solche Farben kommen oft erst bei Kunstlicht voll zur Geltung, darum eignen sie sich besonders gut für Esszimmer, in denen man diniert. Prächtige Muster, oft in Türkis und Gold, geben diesem exotischen Farbschema zusätzlich Leben. Gerade die Muster sind ein Schlüsselfaktor des exotischen Stils. Es können kleine, intensivfarbige Muster wie die traditionellen Paisleys sein, aber auch größere Blumen- oder Früchtemuster, wie man sie von Stickereien kennt. Klassisch sind Kombinationen aus dunklen Blautönen, sattem Grün und Senfgelb; hellere Gold- und Senftöne setzen lebendige Akzente. Tiefe Farben eignen sich besonders gut, um in großen Räumen oder solchen mit hohen Decken ein Gefühl der Intimität zu schaffen. Vor allem Rot ist die ideale Farbe für Räume, deren Licht von Natur aus kalt ist. Auch für Schlafräume bietet es sich an. Bettvorhänge aus dickem, gewebtem Chenille, Damast oder Samt tragen ebenso zu einer behaglichen Stimmung bei wie dunkle Holzmöbel und Tapeten in tiefen Rotweintönen.

Rechts
Kleine Tupfer von Türkis setzen zu den zahlreichen Rottönen in diesem Raum einen geschickten, kühlen Kontrapunkt. Für variantenreiche Strukturen sorgen langfloriger Samt und schimmernde Seidenstoffe.

Rechts

Mit Mustern und Strukturen lassen sich Rottöne beleben, ein üppiges Farbschema wirkt so noch interessanter. So intensive Farben kommen am besten zur Geltung, wenn man sie in einem insgesamt weniger intensivfarbigen Interieur als Akzente auf proportional kleineren Flächen einsetzt.

Oben

Gold bringt die dunkelrote Tagesdecke zum Leuchten. Die rötlichen Erdtöne der Wände haben eine ähnliche tonale Wertigkeit, sodass sich das Auge an die Farbintensität gewöhnen kann. Wäre der Raum allein in einem Ton gehalten, würde er monoton und spartanisch wirken.

Aubergine

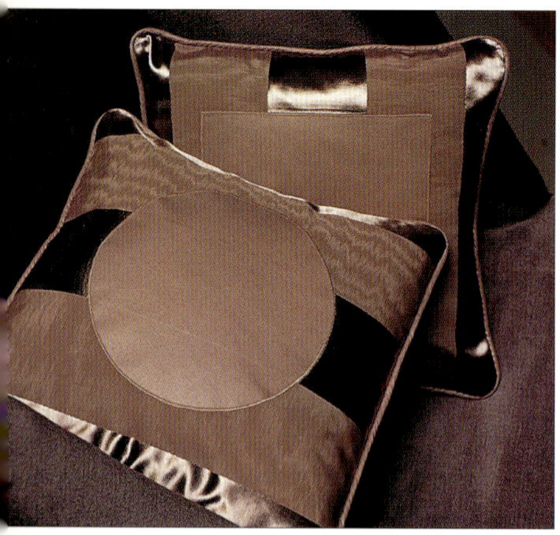

Die dunklen Pflaumentöne der Aubergine gehören zu den angenehmsten tiefen Tönen. Relativ eng mit den neutralen Farben verwandt, lassen sie sich zwischen dunklem Taupe und Anthrazit ansiedeln, doch verleiht ein Hauch von Violett ihnen Lebendigkeit. Aubergine lässt sich hervorragend mit schimmernden Stoffen und den glänzenden Oberflächen von Zinn, Silber und Gold kombinieren.

Irgendwo zwischen der eleganten Zurückhaltung der neutralen Töne und dem geheimnisvollen Flair von Violett liegt Aubergine. Es ist eine ideale Farbe für ungewöhnliche, elegante Interieurs. Weil die Auberginetöne tief sind, verleihen sie einem Raum ein Gefühl von Behaglichkeit und Intimität und bieten sich darum für Wohn- und Esszimmer besonders an. Die bläulich-violett oder rosa angehauchten Auberginetöne sehen großartig aus, wenn man sie mit Metallen wie Gold, Silber oder Zinn kombiniert. Sie geben dem Raum Glanz, ohne einen allzu großen Kontrast zu produzieren. Schimmernde Stoffe sehen in Aubergine besonders edel und ansprechend aus. Hochwertiger schwerer Samt und Satin bieten sich an, um dem Raum einen Hauch von Luxus mitzuteilen. Ob traditioneller oder moderner Stil, wählen Sie Möbel in hellem oder mitteltonigem Material, etwa aus Metall oder aus lackierten oder naturbelassenen hellen Hölzern. Empfehlenswert sind Buche, Birke oder gekalkte Eiche. Mahagoni und andere dunkle Hölzer sehen in Kombination mit Aubergine leicht düster oder überladen aus.

Rechts
Die roséstichigen Nuancen von Aubergine wirken modern, insbesondere wenn sie mit cremefarbenen Möbeln kombiniert werden. Die Farbe eignet sich gut zur Gestaltung ganzer Räume, aber ebenso gut für nur einen Farbblock an der Wand eines sonst ganz in Creme gehaltenen Farbschemas.

Rechts
Dieses blasse Aubergine vom äußersten blauen Ende der Skala sieht mit dem Kombipartner Weiß sehr elegant aus, gesteigert noch durch die zahlreichen goldenen Akzente.

Tiefe Kontraste

Durch den Kontrast mit Weiß wirken tiefe Töne besonders spektakulär. Doch der Kontrast ist keineswegs krass. Vielmehr hebt das Weiß die Hauptfarbe und bringt ihre Intensität besser zur Geltung. Solche Kombinationen bieten sich für Badezimmer an, deren Sanitärobjekte ohnehin meist weiß sind. Mit tiefen Tönen kommt dort eine entspannende Note dazu.

Warmes Terrakotta, Flaschengrün und leuchtendes Aquamarinblau sind klassische Farben, um in einen Raum Intimität und Behaglichkeit zu zaubern. Wäre der Raum jedoch ausschließlich in einer Farbe gestaltet, würde sie leicht erdrückend wirken. Auch würde sich das Auge an die Intensität der Farbe gewöhnen und sie bald kaum noch wahrnehmen. Allzu leicht rücken diese tiefen Farben optisch in die Nähe von Schwarz. Das beste Gegenmittel ist verblüffenderweise Weiß. Es bringt Helligkeit ins Farbschema und akzentuiert den tiefen Farbton durch den Kontrast. Generell haben diese starken Kontraste eine leicht maskuline Wirkung.

Solche Farbstellungen eignen sich am besten für Räume, die vorwiegend am Abend oder in der Nacht benutzt werden, weil Kunstlicht ihnen schmeichelt und sie wärmer und behaglicher erscheinen lässt.

Rechts

Der rosa Unterton des tiefen Terrakotta gibt diesem Badezimmer Wärme. Auch das Gold der Wandleuchte und der verschiedenen Rahmen trägt zu dieser Behaglichkeit bei. Die weißen Sanitärobjekte sorgen durch den Kontrast für Licht und Lebendigkeit.

Rechts
Aquamarinblau ist, vor allem in Kombination mit Weiß, der femininste der klassischen tiefen Farbtöne. Blaugrün schimmernde Eukalyptusblätter schlagen eine farbliche Brücke zwischen dem Blau und dem Weiß und nehmen auf diese Weise dem Kontrast die Härte.

Oben
Flaschengrün und Weiß ist eine klassische Kombination, die edel und unkompliziert wirkt. Weiße Fliesen und ein heller Boden reflektieren reichlich Licht und sorgen so dafür, dass in diesem Bad keine düstere Atmosphäre herrscht.

Marineblau

Marineblau ist eine zeitlose Farbe, die zu fast jedem Einrichtungsstil passt. Früher konnten sich nur reiche Haushalte diese tiefen, tintenblauen Farben leisten, weil die Herstellung der Pigmente sehr teuer war. Heute haben wir diese Einschränkung nicht mehr, und so hat Marineblau sich auch im jungen und modernen Wohnstil durchgesetzt.

Marineblau ist eine tiefe, aber unkomplizierte Farbe. Sie wird häufig für Uniformen verwendet, weil sie immer schick aussieht und sich mit fast allen Farben kombinieren lässt. Das Gleiche gilt für die Einrichtung. Marine wirkt immer geschmackvoll, es beißt sich mit keiner Farbe. Die schlichten Konturen moderner Polstermöbel sehen in Marineblau hinreißend aus, doch verschnörkelte und geschwungene Möbel nicht minder. Weil Marineblau so dunkel ist, empfinden wir es angenehmer als Teilelement, etwa auf Möbeln, Teppichen, Kissen oder Läufern, während es als Wandfarbe leicht zu dominant wirkt. Gerade wegen seiner Dunkelheit gewinnt Marineblau erheblich durch Texturen. Das Relief einer Wandvertäfelung oder eines grob strukturierten Stoffes für Vorhänge oder Möbel beispielsweise reflektiert das Licht und bringt so die wahre Schönheit der Farbe erst zum Ausdruck. In der klassischen Kombination mit Weiß sieht Marineblau immer frisch und edel aus.

Wer Farbharmonien bevorzugt, sollte verwandte Töne aus der Skala von Mittelblau über Lavendel bis Flieder wählen, und wer Kontraste liebt, setzt Akzente in der Komplementärfarbe Rot.

Rechts
Marineblau und Weiß mag allzu einfach und fantasielos scheinen, doch die Kombination wirkt durch den klaren Kontrast immer modern.

Links

Als Wandfarbe hat Marineblau eine ruhige, behagliche Anmutung. Wenn Ihnen die Farbe gefällt, Sie aber fürchten, dass sie zu nachdrücklich werden könnte, streichen Sie nur Teilflächen einer weißen Wand.

Rechts

Das Karo in Lavendel und Marineblau harmoniert sehr schön mit dem dunkelblau bezogenen Betthaupt. Leuchtendes Rot setzt einen Akzent in der Komplementärfarbe. So entsteht eine ebenso entspannende wie fröhliche Schlafgelegenheit.

Schwarz

Schwarz ist eine starke Farbe. Sie ist mutig und erstaunlich effektvoll, und sie erzählt von Unabhängigkeit und Selbstvertrauen. Schwarz hat keine Nuancen, es gibt keine tiefere Farbe. Schwarz ist absolut kompromisslos. Normalerweise setzt man es nur vorsichtig und in kleinen Portionen ein, um einem Farbschema Kontur zu geben. Aber auch als Hauptfarbe kann es sich durchaus sehen lassen.

Es gibt nur ein echtes Schwarz (aber viele Farben, die ihm nahe kommen), und dieses lässt sich mit buchstäblich allen Farben kombinieren. Schwarz ist keine schreiende Farbe, doch zweifellos ein Hingucker. Wie alles Extreme macht Schwarz eine klare Aussage.

Ob die Gestaltung gelingt, hängt im Wesentlichen davon ab, in welchen Proportionen man Schwarz einsetzt. Kleine Räume können faszinierend aussehen, wenn sie ganz in dieser Farbe gestrichen sind. Und auch in großen Räumen kann es gut aussehen. Ein Trick besteht darin, glänzende Farben zu verwenden, die wie ein Spiegel das Licht reflektieren. Eine andere Möglichkeit ist die, Schwarz mit einer intensiven, leuchtenden Farbe zu kombinieren, die für Leben sorgt. Selbst in kleinen Mengen gibt es jedem Farbschema Kontur und Charakter. Je mehr Sie verwenden, umso massiver ist die Wirkung. Schwarzer Lack verleiht fast jedem Interieur, sei es nun modern oder traditionell, einen exotischen Touch. Nur beim Kombinieren von Schwarz mit Pastelltönen sollten Sie vorsichtig sein. Der Kontrast ist so stark, dass das Schwarz leicht zu dominant wird, darum sollte es nur in kleinsten Portionen eingesetzt werden. In Kombination mit leuchtenden Farben ist der Kontrast geringer, hier kann man sich einen großzügigeren Umgang mit Schwarz leisten.

Rechts
Dieses winzige Gäste-WC sieht ganz in Schwarz hinreißend aus. Nur ein Paneel in einem warmen Senfgelb sorgt für Kontrast. Um möglichst viel Licht einzufangen, sind alle schwarzen Flächen mit Hochglanzfarbe gestrichen.

Rechts
Obwohl Schwarz in diesem Raum nicht das Hauptelement ist, wirkt die groß karierte Tischdecke als zentraler Blickfang. Ohne sie würde dieses gelbe Arbeitszimmer recht konventionell wirken.

Oben

Auch größeren Räumen steht Schwarz. Diese Küche ist mit schwarzer Hochglanzfarbe gestrichen, um möglichst viel Licht einzufangen. Durch die Kombination mit dem leuchtenden Grün wirkt das Interieur lebendig und kein bisschen bedrückend oder düster. Intensive Farben passen gut zu Schwarz, weil sie für Leben sorgen, ohne durch einen zu krassen Kontrast zu schockieren.

Register

Die Angaben beziehen sich auf Bild und Text.

Bildnachweis

LEGENDE – R: RECHTS; L: LINKS; M: MITTE; O: OBEN; OR: OBEN RECHTS; UL: UNTEN LINKS; OR: OBEN RECHTS UL: UNTEN LINKS: PH: PHOTOGRAPH
S6: Robert Harding, Homes & Gardens, PH. Polly Wreford; S7: Ideal Home; S8-9 OL: Robert Harding, Homes & Ideas, PH. Dominic Blackmore; UM: The Interior Archive, YMPA; OR: Interior Archive, PH. Cecilia Innes; S42-3 OL: Interior Archive, UL & R: Robert Harding, Homes & Gardens; S44-5 Alle Robert Harding, OL: Homes & Gardens, PH. John Mason; OL: PH. Trevor Richards; OR: Homes & Gardens, PH. John Freeman; UM: Homes & Gardens, PH. John Mason; OR: Homes & Gardens, PH. Elizabeth Zeschin; S46-7 OL: Robert Harding, Ideal Home, PH. D. Lewis; UL: Helios Collection by John Wilman Fabrics and Wallpapers; R: Robert Harding, Homes & Gardens, PH. Jonathan Pilkington; S48-9 Alle Robert Harding, OL: Country Homes & Interiors, PH. Polly Wreford; UL: Homes & Gardens, PH. Tom Leighton; OR: Homes & Gardens, PH. Polly Wreford; UL Country Homes & Interiors, PH. Polly Wreford; UR Homes & Ideas, PH. Polly Wreford; S50-1 Alle Robert Harding,OL: Country Homes & Interiors, PH. Polly Wreford; UL: Homes & Gardens, PH. John Mason; OR: Country Homes & Interiors, PH. Christopher Drake; UR: Homes & Gardens, PH. Hugh Johnson; S52-3 OL & UL: Robert Harding, Ideal Home, PH. Nadia Mackenzie; R: Robert Harding Homes & Ideas, PH. Polly Wreford; S58-9 OL & R: Interior Archive, Schulenburg; UL: Debbie Patterson; S60-1 Alle Robert Harding, OL: Homes & Gardens, PH. Chris Drake; UL: Homes & Gardens, PH. Polly Wreford; OR: Homes & Gardens, PH. Christopher Drake; UR Ideal Home, PH. Tom Leighton; S62-3 Alle Robert Harding, OL: Homes & Gardens, PH. Tom Leighton; UL: Country Homes & Interiors, PH. Jonathan Pilkington; OR: Homes & Gardens, PH. Tom Leighton; UL(R): Homes & Gardens, PH. Simon Upton; UR(R): Homes & Gardens, PH. Tom Leighton; S64-5 UL: Robert Harding, Homes & Gardens, PH. John Mason; R: Robert Harding, Homes & Gardens; S66-7 Alle Robert Harding, OL & UL: Homes & Gardens, PH. Chris Craymer; OR: Homes & Gardens, PH. Simon Upton; UM: PH. G. Rae; UR: Homes & Gardens, PH. Simon Brown; S68-9 Alle Robert Harding, R: Homes & Gardens, PH. Tom Leighton p70-1 Alle Robert Harding, all Homes & Gardens, OL & UL: PH. Tom Leighton; R: PH. Jan Leighton; S76-7 OL & UR: PH. John Freeman; OR: Interior Archive, Schulenburg; S78-9 Alle Robert Harding, all Homes & Gardens, OL: PH. David Montgomery; UL: PH. Jan Baldwin, UR: PH. Polly Wreford; S80-1 Alle Robert Harding, OL, UL & OR: Homes & Gardens, PH. Jan Baldwin; UR: Ideal Home, PH. Tim Imrie; S82-3 Alle Robert Harding, OL: Homes & Gardens, PH. Richard Holt; UL: Homes & Ideas, PH. James Merbell; OR: Country Homes & Interiors, PH. Christopher Drake; UR: Woman & Home, PH. Steve Dalton; S84-5 Alle Robert Harding, OL: Homes & Gardens, PH. Hugh Johnson; UL: Country Homes & Interiors, PH. Andreas Von Einsiedel; OR: Country Homes & Interiors, PH. Andreas Von Einsiedel; UR: Homes & Gardens, PH. Jan Baldwin; S86-7 Alle Robert Harding, OL: Homes & Gardens, PH. Trevor Richards; UL: Woman & Home, PH. Debi Treloar; R: Country Homes & Interiors, PH. Simon Upton; S88-9 Alle Robert Harding, OL & UL: Woman & Home, PH. Debi Treloar; R: Country Homes & Interiors, PH. Simon Upton; S94-5 Alle Interior Archive, OL & ML: Schulenburg; R: Cecilia Innes; S96-7 Alle Robert Harding, OL: PH. David Parmiter; UL: Homes & Gardens, PH. David Parmiter; R: Homes & Gardens, PH. Polly Wreford; S98-9 OL: Robert Harding, Homes & Gardens, PH. Polly Wreford; UL: Robert Harding, Homes & Gardens, PH. Trevor Richards; R: 'Vibe' Collection by Coloroll; S100-1 OL: 'Vibe' Collection by Coloroll; UL: Robert Harding, Inspirations, PH. Sandra Lane; R: Robert Harding, Homes & Gardens, PH. Jan Baldwin; S102-3 Alle Robert Harding, OL & UR: Inspirations, PH. Spike Powell; UL: PH. James Merrell; OR: Homes & Gardens, PH. James Merrell; S104-5 Alle Robert Harding, OL: Inspirations, PH. Debbie Patterson; UL: Ideal Home, PH. Polly Wreford; OR: Homes & Gardens, PH. Polly Wreford; UR: Homes & Gardens, PH. James Merrell; S106-7 Alle Interior Archive, OL &OR: PH. YPMA; UL & UR: PH. Cecilia Innes; S108-9 Alle Robert Harding, OL: Homes & Gardens, PH. Tom Leighton; UL: Homes & Gardens, PH. Robin Matthews; R: Woman & Home, PH. Debi Treloar; S114-5 Alle PH. John Freeman; S116-7 Alle Robert Harding, OL: Homes & Gardens, PH. Stewart Grant; UL: BBC Homes & Antiques, PH. Brian Harrison; OR: Homes & Gardens; UR: Country Homes & Interiors, PH. Kim Sayer; S118-9 Alle Robert Harding, OL: Homes & Gardens, PH. John Mason; UL: Homes & Ideas, PH. Andrew Cameron; R: Country Homes & Interiors, PH. Tim Imrie; S120-1 Alle Robert Harding, Alle Homes & Gardens, OL: PH. Trevor Richards; UL: PH. Chris Drake; OR: PH. Tom Leighton; S122-3 Alle Robert Harding, Alle Country Homes & Interiors, OL: PH. Polly Wreford; UL: Homes & Gardens, PH. James Merrell; OR: PH. Mark Luscombe-Whyte; UR: PH. Bill Batten; S124-5 Alle Robert Harding, OL: Homes & Gardens, PH. Christopher Drake; UL: Homes & Gardens, PH. Jonathan Pilkington; OR: Ideal Home; UR: Homes & Gardens.

Danksagung

Mein herzlicher Dank geht an das Team, das dieses Buch möglich gemacht hat:
an Susan Berry, die es vom Konzept bis zur Herstellung begleitete;
an Polly Wreford für ihre großartigen Fotos;
an Debbie Mole für ihre eleganten Entwürfe;
an Sarah Bird für ihre Energie und ihre Hilfe bei den Fototerminen;
an Mandy Lebentz für ihr einfühlsames Lektorat und
an Claudine Meissner, die bei den Entwürfen assistierte.

Außerdem möchte ich all denen danken, die uns so großzügig ihr Warenangebot für die Fotos zur Verfügung gestellt haben:

The Blue Door, 74 Church Rd, London, SW13 9HH. (schlichtes Doppelbett, Tagesdecken und bemalter Spiegel im gustavinischen Stil, Seite 38-39, gläserne Windlichter, Seite 72-73, Omelette-Teller und -Pfannen, Seite 110-111).

Grand Illusions, 2-4 Crown Road, St Margarets, Twickenham, Middx TW1 3EE. Versandkatalog 0181-744 1046 (bemalter Schrank, Seite 54-55).

Sanderson, 112-120 Brompton Rd, London SW3 1JJ. (Stoff für Vorhang und Tischdecke, Seite 36-37).

Sofa workshop, Head office, Boxall House, East Street, Petworth, West Sussex GU28 OAB. Filialen können unter Tel. 01798 343400 erfragt werden (Sofa und Bezüge, Seite 16-17).